Capitales extranjeros y grupos dominantes argentinos/1 (análisis histórico y contemporáneo)

BIBLIOTECA
POLITICA
ARGENTINA

Capitales extranjeros y grupos dominantes argentinos/1 (análisis histórico y contemporáneo)

Naúm Minsburg

Prólogo: Eric Alfredo Calcagno

CENTRO EDITOR DE AMERICA LATINA

Dirección: Oscar Troncoso
Secretaría de redacción: Margarita B. Pontieri
Asesoramiento artístico: Oscar Díaz
Diagramación: Silvia H. González, Gladys Tropea, Diego Oviedo.
Coordinación y producción: Natalio Lukawecki, Fermín E. Márquez, Elisa Rando
Ilustración de tapa: Hermenegildo Sabat

Hecho el depósito de ley. Libro de edición argentina impreso en diciembre de 1987. Pliegos interiores: compuesto por Lucanor S.R.L., Blanco Encalada 5253, 3o. F, Buenos Aires; impreso y encuadernado en Ripari S.A., Juan G. Lemos 246, Buenos Aires. Distribuidores en la República Argentina: Capital: Mateo Cancellaro e Hijo, Echeverría 2459, 5o. C, Buenos Aires. Interior: Dipu S.R.L., Azara 225, Capital.

ISBN 950 25 1464 5

PROLOGO

El Profesor Jean Touchard –fino intelectual y politicólogo notable– solía recordar en su cátedra de la Escuela de Ciencias Políticas de la Universidad de París, que a escala internacional existen dos grandes escuelas de ciencia política: la norteamericana y la francesa. Según él, se diferencian en que la norteamericana estudia a fondo, exhaustivamente y con gran rigor metodológico, problemas sin ninguna importancia, que no le interesan a nadie; mientras la escuela francesa estudia superficialmente problemas fundamentales. Pues bien: este libro de Naúm Minsburg evita los inconvenientes y suma las ventajas de ambas escuelas, pues analiza primero con una visión global y después minuciosamente, uno de los problemas más trascendentes de nuestras sociedades, que es el de la distribución y ejercicio del poder económico.

El trabajo de Minsburg tiene dos partes: en una se considera la trama y en la otra los personajes.

La primera parte presenta una documentada visión del proceso de inversiones extranjeras en América Latina y en la Argentina, la política de nacionalizaciones, la orientación del capital internacional y la postguerra y sus repercusiones en la economía argentina.

Pueden así rectificarse, con hechos y con cifras, algunas creencias equivocadas sobre el real significado de la inversión extranjera. Hay quienes la consideran como el método más eficiente para suplir la escasez nacional de capitales, para incorporar nuevas tecnologías y para lograr el acceso a nuevos mercados internacionales. La opinión opuesta sostiene que aporta escasos recursos externos genuinos, vende a precios elevados una tecnología que suele no ser la más adecuada, significa una carga en la balanza de pagos y aumenta la dependencia económica y política. Y que en realidad su aporte positivo consiste, cuando se negocia bien, en la introducción de técnicas organizativas y de ciertas tecnologías, así como la posibilidad de acceder a mercados externos; pero que estos beneficios podrían obtenerse por otras vías, menos costosas y vinculantes que la inversión directa extranjera.

En este libro se desmistifican los supuestos aportes de recursos. Para evaluar correctamente el problema, basta con recordar las cifras: en la Argentina, las entradas totales de capital extranjero a largo plazo en el período 1900-1954 fueron de 2.327 millones de dólares (a precios de 1950), mientras las salidas de capital a largo plazo llegaban a 842 millones y las remesas de intereses y utilidades alcanzaban a 3.605 millones; y en el período más reciente de 1954 a 1983, el resultado del flujo neto de inversiones provenientes de los Estados Unidos fue negativo (-1.685 millones de dólares). Además, sólo una pequeña parte de la inversión directa procede del país que figura como de origen de la inversión. Así, de las inversiones directas que realizaron filiales de empresas estadounidenses en el extranjero en el período 1966-1972, sólo el 20% provenía de los Estados Unidos; el resto se recaudaba localmente por la vía de suscripción local de títulos o mediante créditos bancarios, o internacionalmente merced al mercado financiero, o a los organismos de crédito (Banco Mundial y Banco Interamericano de Desarrollo).

Debe tenerse en claro, como lo hace Minsburg, que en un enfoque de mediano y largo plazo, las inversiones extranjeras sólo son un instrumento dentro de una política global nacional e internacional, y que la actitud que se adopte con respecto a ellas no depende tanto de consideraciones de necesidad económica o de eficiencia, sino del tipo de sociedad al que se quiere llegar y de la consolidación o cambios en el poder relativo de las clases o grupos sociales que se pretenda realizar, por ello, cuando se promueve, acepta o rechaza la entrada de capital privado extranjero para la realización de un determinado tipo de actividades, se está impulsando un cierto estilo de desarrollo y fortaleciendo o debilitando la influencia de grupos sociales específicos.

Siguiendo este "hilo conductor", en la segunda parte de este libro, Minsburg analiza en detalle las actividades y composición de los principales grupos económicos que actúan en la Argentina, detallando su constitución, su historia, sus actividades y sus vinculaciones. El Dr. Arturo Sampay, que a mi juicio fue el cientista político más eminente que tuvo el país en este siglo, recordaba a menudo que para entender los procesos políticos y de política económica, no hay que mirar a los títeres sino a los dedos del titiritero. Este inventario que hace Minsburg será de la mayor utilidad para los analistas que quieran estudiar a fondo la evolución de nuestra política económica y averiguar quiénes mueven los títeres. El libro de Minsburg presenta piezas que son fundamentales para armar el rompecabezas de la alianza entre el capital extranjero y la clase dominante argentina.

Frente a la radiografía de la realidad que se presenta, surge la necesidad de la elboración de políticas alternativas. Una de ellas, que se considera explícitamente en este libro, es la de nacionalizaciones, que se aplicó desde 1946 a 1949. A mi juicio, debe reivindicarse el cambio que provocó en la estructura del poder económico nacional, minimizando la importancia al sector extranjero en el área de los servicios públicos, en algunas importantes industrias y en el comercio exterior. Las sucesivas nacionalizaciones de los teléfonos, de los transportes de Buenos Aires, del servicio de gas, de los puertos y de los ferrocarriles, así como la creación de la Dirección Nacional de Industrias del Estado (DINIE) y del Instituto Argentino para la Promoción del Intercambio (IAPI), no obstante todas las insuficiencias y fallas de funcionamiento que hayan tenido, marcan una linea de afirmación nacional frente a las políticas deliberadas de subordinación al capital extranjero y a los grandes grupos nacionales privados que predominaron después. Es en esa línea que debería redefinirse ahora la acción del Estado.

El Estado debe cumplir una enérgica acción en resguardo de la soberanía nacional y de impulso al proceso de acumulación de capital. Estas funciones básicas, cuya pertinencia quedó, a mi juicio, totalmente establecida en la polémica de los años 40 entre Harold Laski y Friedrich von Hayek, vuelve ahora a replantearse, tras la ofensiva ideológica y política conservadora de los últimos años. De tal modo, es necesario volver a repetir que el Estado en los países capitalistas subdesarrollados debe desempeñar una función de custodio de la identidad nacional y de defensa de su patrimonio; y que es el único instrumento que puede servir los intereses populares, con la posibilidad de orientar o manejar la economía y de negociar el poder económico con las empresas transnacionales y los empresarios nacionales. Por otra parte, frente a una de las peores manifestaciones de la crisis, que es el derrumbe de la inversión, tanto pública como privada, el Estado debe liderar el proceso de acumulación de capital. Por supuesto me refiero a la acción de un Estado legítimo y eficiente.

En síntesis, el libro de Minsburg constituye en sí un aporte muy valioso al análisis de fondo de la relación entre el capital extranjero y los grupos económicos dominantes. Además, agrega una "biografía" de los principales grupos económicos, que ha de ser un elemento indispensable de consulta para todos quienes quieran profundizar en el análisis del poder económico argentino.

Alfredo Eric Calcagno

A mis queridos hijos
Víctor, Rodolfo y Raúl.

I

LAS PRIMERAS CORRIENTES DE CAPITAL EN AMERICA LATINA Y EN LA ARGENTINA*

La investigación acerca de las inversiones extranjeras en América Latina durante el siglo XIX y el primer cuarto del siglo XX, tropieza con numerosos problemas de diverso carácter que todavía se encuentran sin una suficiente clarificación. No existen estadísticas realmente confiables acerca de las transferencias de capital efectuadas por las principales metrópolis que permitan la elaboración de un análisis preciso de las implicancias objetivas de la política de inversiones.

Se requiere profundizar el examen de las diferencias entre las políticas financieras auspiciadas por los gobiernos de Gran Bretaña, Francia, Alemania y Estados Unidos respecto a los intereses que proyectaron y fueron estructurando en los países latinoamericanos en ese largo período histórico. Es necesario además, realizar un examen con mayor claridad conceptual de la distinción entre inversiones directas y de cartera, entre operaciones de corto, medio y largo plazo; entre proyectos promovidos por capitalistas individuales, firmas bancarias o empresas constituídas y que proyectaban sus actividades en el mercado internacional.

* *La labor de investigación para efectuar este trabajo, ha podido ser realizada gracias al subsidio otorgado por la Secretaría de Ciencia y Técnica de la Nación, a través del CONICET (Consejo Nacional de Investigaciones Científicas y Técnicas).*

Para las principales potencias capitalistas de ese entonces, las naciones que constituían el continente latinoamericano, no ofrecían la oportunidad de incorporarlas a sus respectivos dominios coloniales pues acababan de liberarse del sistema español, logrando su independencia política en un proceso sumamente cruento. Ello no impidió que Estados Unidos arrebatara extensas superficies de territorio mexicano ni que Inglaterra ocupara parte de las Guayanas, parte de Guatemala y que aún permanezca en las Malvinas.

Ante la imposibilidad de emprender la conquista física de América Latina, las potencias hegemónicas que posteriormente se convertirían en imperialistas, vislumbran la posibilidad de aprovechar las ingentes riquezas existentes en la región, mediante los más diversos proyectos económicos, algunos de los cuales serían materializados a través del comercio exterior y, especialmente, con las inversiones de capital.

Este proceso, en forma gradual, iría convirtiendo a Latinoamérica, en una de las regiones subdesarrolladas hacia la que se dirigirían con preferencia los capitales extranjeros.

Las inversiones en el exterior, respondían a la necesidad de canalizar el excedente relativo de ahorro de las metrópolis hacia terceros países, con el objetivo de obtener materias primas y alimentos baratos, con lo cual poder expandir la producción de las empresas capitalistas (pagando menores salarios a sus obreros, tratando de obtener la máxima plusvalía posible). Al mismo tiempo, el capital invertido debía obtener un elevado beneficio, superior al que se obtenía en las plazas financieras locales y crear además, las condiciones necesarias para que las naciones receptoras de la inversión se constituyeran en mercados crecientes para los artículos manufacturados exportados por las naciones más industrializadas. Con lo cual mejoraban la rentabilidad de las empresas y del sistema en general, lo que ulteriormente ampliaría las posibilidades de incrementar las inversiones asegurando mercados y excelentes beneficios.

En el devenir histórico, las inversiones externas se convertirían en uno de los factores que han contribuído de manera sustancial, a mantener y profundizar la especialización de los países latinoamericanos en torno a la exportación de unos pocos, cuando no de un sólo producto principal, destinado a los mercados exteriores.

Las naciones latinoamericanas aparecían ante el comercio mundial con sus peculiaridades y diversas características. Varios autores, entre ellos destaquemos a Celso Furtado, han efectuado una conocida caracterización de las naciones de América Latina, en función de su producción y de su inserción en la división internacional del trabajo que comenzaba a estructurarse en aquel entonces. Nos encontramos con la siguiente clasificación:

a) Países exportadores de productos de clima templado. Constituidos especialmente por la Argentina y Uruguay, con una producción basada en la utilización extensiva de la tierra, para lo cual las inversiones de capital se dirigieron a organizar una infraestructura adecuada a los intereses agroexportadores (ferrocarriles, frigoríficos, elevadores de granos, puertos,etc.). Es Inglaterra la que adquiere una decisiva influencia por un largo período.

b) Países exportadores de productos agrícolas tropicales. Dadas las especiales características para su cultivo y recolección, el café y el cacao, por ejemplo, constituyen casos típicos que no exigen la implantación de una infraestructura importante. Por ello, los capitalistas extranjeros preferían la compra de tierras cultivables para su ulterior explotación. Se puede mencionar a título ejemplificativo a Brasil, Colombia, Ecuador y las naciones del Caribe.

c) Países productores de minerales.
Constituídos principalmente por México, Perú, Bolivia y Venezuela; los minerales que se explotan en primer término son del tipo no ferroso, tales como el cobre, el estaño, el plomo, etcétera.

Se puede considerar que el inicio del flujo de capitales extranjeros, bajo la forma de empréstitos, hacia América latina se produce entre los años 1822 y 1825, cuando bancos comerciales y algunas firmas financieras de Londres emitieron bonos en nombre de diversos gobiernos latinoamericanos, necesitados de fondos para pagar deudas contraídas durante la guerra de la independencia.

También se tomaron créditos para la presunta realización de obras de infraestructura que, como en el caso de la Baring Brothers con la Argentina, jamás cumplieron el propósito por el cuál fue contratado el préstamo.

Inglaterra fué la nación que otorgó el mayor número

de empréstitos. de 55 millones de libras esterlinas invertidas en el mundo, casi 25 millones correspondieron a Latinoamérica entre 1822 y 1825. Se distribuyeron de la siguiente manera:

PAISES	AÑO	VALOR NOMINAL	INTERES ANUAL %	BANCA
Argentina	1822	1.000.000	6	Baring Brothers
Brasil	1824	3.200.000	5	Wilson y Co.
Brasil	1822	2.000.000	5	Rothschild
Chile	1822	1.000.000	6	Hullet Bros.
Colombia	1822	2.000.000	6	Herring, Graham
Colombia	1824	4.750.000	6	Goldschmidt y Co.
México	1824	3.200.000	5	Goldschmidt y Co.
México	1825	3.200.000	6	Barclay, Herring
Guatemala	1825	1.428.571	6	Powles
Perú	1822	450.000	6	Frysy Chapman
Perú	1824	750.000	6	Frysy Chapman
Perú	1825	616.000	6	Frysy Chapman

FUENTE: Luis Vitale, *Historia de la deuda externa latinoamericana*. Sudamericana–Planeta, 1986.

La mayor parte de los empréstitos no se hacían en dinero efectivo, sino en mercaderías y maquinarias o en letras contra banqueros locales cobrando altos intereses; se daba así comienzo a lo que posteriormente –en la época actual– se conoce como "créditos atados". Pero los bonos que habían sido emitidos para materializar el empréstido, se colocaban a un 60 por ciento de su valor nominal. De modo que por cada 100 libras nominales el país que recibía el crédito obtenía 60 libras pero, naturalmente, debía capital e intereses por 100. Además era frecuente que los banqueros se cobrasen una o dos anualidades anticipadas. De forma tal que el saldo obtenido por los gobiernos era una cantidad sensiblemente menor y quedaban atrapados a las tasas de interés compuesto, como diría Raúl Scalabrini Ortiz, lo que incrementaba excesivamente la deuda original.

La mayoría de los empréstitos no cumplieron con los objetivos para los que se habían contratado. Ellos sirvieron para enjugar déficits presupuestarios y para un incremento sustancial de las importaciones de productos ingleses.

La tan ansiada libertad de comercio que necesitaban las naciones latinoamericanas sujetas al férreo dominio español, se transformaría en la "libertad de importaciones" que provocaría la ruina de las artesanías, manufacturas y de las incipientes industrias locales.

La gran especulación desatada con los valores latinoamericanos, beneficiaron a los bancos y casas financieras en la plaza de Londres. Pero a poco comprobaron que las exportaciones latinoamericanas hacia Inglaterra no crecieron en la medida esperada y por ende los ingresos en libras esterlinas fueron menores y, consecuentemente, hubo que postergar vencimientos. Ello influyó en la baja de los valores públicos latinoamericanos y que los inversores se retrajeran durante varios años de efectuar nuevas inversiones en la región.

"Esta situación cambió a mediados de siglo. Las exportaciones británicas de capital estuvieron favorecidas anteriormente por un superávit comercial permanente, aunque se habían visto limitadas seriamente por la falta de dinero, la lentitud con que crecía la tasa de ahorros internos y el arcaico sistema crediticio y bancario. Después de 1850 se redujeron la mayoría de estos obstáculos; en efecto, el gran aumento de los medios de pago a raíz de la bonanza del oro en California, la aceleración del crecimiento de los ahorros internos gracias al avance de la industrialización y el mejoramiento general de la organización crediticia y bancaria, contribuyeron a ampliar el mercado de valores y a estimular las inversiones en países extranjeros. Estrictamente hablando, esta expansión del capital británico invertido en el extranjero comenzó por volcarse en algunas inversiones productivas de la región como ferrocarriles, cuya era se inició en 1849 con la creación de las compañías de Panamá y Copiapó; los tranvías, cuya primera línea se instaló en Recife en 1868; y otras empresas de servicio público. Sin embargo, los capitalistas británicos, continuaron financiando directamente a las tesorerías de los gobiernos".[1]

En 1840, las inversiones totales llegan a 30,6 millones de libras esterlinas mientras que los préstamos a los gobiernos alcanzan los 23,6 millones representando el 77 por ciento del total.

En el Cuadro No. 1* –que abarca un período muy amplio– puede apreciarse cómo en el transcurso del proceso de inversiones, los préstamos continúan incrementándose pero, van declinando en su importancia relativa, hasta llegar a representar en 1913 un 30 por ciento del monto total de invesiones.

Brasil que en 1865 recibió inversiones casi diez veces superiores a la Argentina, mantiene su preeminencia como objetivo de las inversiones inglesas hasta 1885 en que la Argentina comienza a ser considerada como la meta principal de las inversiones británicas; también los préstamos convergen en forma preferencial hacia nuestro país.

Las inversiones inglesas. 1865-1913

Resulta interesante examinar la evolución experimentada por las inversiones inglesas en la Argentina ya que de representar en 1865 un escaso 3,3 por ciento del total invertido en el continente latinoamericano pasa lentamente a aumentar su participación en forma gravitante.

En 1875 alcanza a 12,9 por ciento del total, en 1885 el 18,3 por ciento; en 1895 el 34,5 por ciento; en 1905 el 36,8 por ciento; en 1913 el 40,6 por ciento del total invertido, alcanzando un importe de casi 300 millones de libras esterlinas excluídos naturalmente los préstamos.

El Cuadro No. 2 nos brinda un detalle pormenorizado de la distribución de las inversiones británicas por áreas geográficas en Latinoamérica.

Como puede apreciarse, los países exportadores de productos tropicales, mantienen en todo el lapso analizado su participación que es algo inferior al treinta por ciento del total.

Los países exportadores de minerales que en 1880 representaban el 43,6 por ciento del total invertido, descienden abruptamente en 1890 a solo un 23,8 por ciento y, finalmente llegan a 1913 con 23,9 por ciento. En cambio crecen en forma significativa las inversiones en las naciones productoras de la zona templada que pasan del 16 por ciento en 1880, a un 43 por ciento en 1890, para llegar en 1913 al 40 por ciento.

* *Los cuadros correspondientes están ubicados al final de este tomo.*

Los otros países de mayor tamaño y de mayores posibilidades económicas como Argentina, Brasil y México son también los mayores recipiendarios de los flujos de inversiones. En 1880 recibían el 50 por ciento del monto total y en 1913 alcanzaba a un 72 por ciento.

Entre 1875 y 1895 las inversiones británicas experimentan un fuerte crecimiento atraídas por lo que constituyó un impetuoso auge del desarrollo ferroviario en casi toda América Latina. Al mismo tiempo se aportaron sustanciales capitales para diversas empresas de servicios públicos (cables submarinos, fábricas de gas, agua potable, teléfonos, tranvías) así como también recibieron inversiones empresas mineras, sociedades de bienes raíces y sociedades agropecuarias e industriales.

La década de 1880-1890 fué la "epoca dorada" de la construcción de los ferrocarriles. Ello significó para Gran Bretaña:

a) la obtención de un rédito por los capitales invertidos en las respectivas empresas;

b) aumentar la actividad de su industria metalúrgica y las conexas para el abastecimiento de rieles, locomotoras, vagones, etc.;

c) incrementar el mercado para el carbón inglés y

d) ampliar la importación de las manufacturas de origen británico.

La ampliación de las redes de transporte a escala mundial impulsó la producción de productos primarios y diversas materias primas para los que existían una gran demanda en los países europeos y ello se tradujo en un incremento importante en el intercambio comercial de América Latina con dichas naciones; lo que a su vez impulsaría nuevos y mayores flujos de inversiones provenientes de Europa.

"Cabe observar que las inversiones inglesas aumentaron más rápidamente en América Latina que en otros países extranjeros, de modo que la proporción de inversiones británicas en el extranjero correspondiente a la región se elevó de 10,8 por ciento en 1870 a 20,2 por ciento en 1913. En consecuencia, los capitalistas británicos ocuparon el primer lugar entre los inversionistas externos en esa región durante todo ese período (1870-

1914). Al parecer, cuando estalló la Primera Guerra Mundial, los capitalistas británicos eran dueños de las dos terceras partes de las inversiones totales extranjeras en América Latina".[2]

Tal como se ha señalado precedentemente, la proporción en el flujo de inversiones correspondiente a los países más grandes como Argentina, Brasil y México pasó del 50 por ciento del total en 1880, al 72 por ciento en 1913. Los países de la zona templada exportadores de productos agropecuarios, sustituyeron gradualmente a los países mineros como metas principales del capital británico, mientras que las naciones productoras de productos tropicales, continuaban ocupando una posición relativamente secundaria.

Las entradas de capitales británicos a los países del Río de la Plata permitieron la aplicación en gran escala de algunas innovaciones técnicas que facilitarían las exportaciones de carnes y cereales.

Las inversiones francesas

Existen mayores dificultades para obtener una información fehaciente respecto a las inversiones de Francia que respecto a las inglesas.

Como podrá apreciarse en el Cuadro No. 3, las inversiones que en el total alcanzaron en 1902 a los 3.253 millones de francos, equivalentes a casi 650 millones de dólares de ese entonces, pasan en 1913 a los 8.375 millones de francos que representaban alrededor de 1650 millones de dólares. Los capitalistas franceses evidenciaron un interés creciente por América Latina ya desde 1890 cuando gran parte de los valores extranjeros emitidos en la Bolsa de París, el 46,4 por ciento del total provenía de dicha región. Entre 1910-1913 aproximadamente el 70 por ciento de los valores privados extranjeros emitidos en Francia fueron colocados por firmas que operaban en Latinoamérica.

Argentina, Brasil y México representaban en 1902 el 60 por ciento de la inversión total y a finales de 1913, el 90 por ciento. La industria ferroviaria a fines de 1913 había recibido el 26,3 por ciento del total del capital francés invertido en América Latina.

Las inversiones alemanas

Existe una menor información sobre las inversiones alemanas que sobre las francesas.

El primer registro de inversiones se refiere al año 1898 según puede apreciarse en el Cuadro No. 4. De esa fecha datan las emisiones de bonos por parte de algunos gobiernos latinoamericanos (Argentina, Brasil, México, Chile y Venezuela) que fueron colocados en los mercados de capitales de Alemania. Además en esa misma época algunas empresas alemanas desarrollaron diversas actividades en la región relacionadas con bancos, servicios públicos, bienes raíces, etcétera.

Las dobles cifras para cada año considerado, se deben a la imprecisión de los datos y demuestran su oscilación entre un monto máximo y el mínimo.

En 1898, Latinoamérica había recibido alrededor del 33 por ciento del monto total de las inversiones alemanas en países extranjeros; en 1904 alcanzan a representar un 36 por ciento, lo que evidencia el interés creciente de la región para los capitalistas germanos.

Las inversiones norteamericanas

La historia de las inversiones norteamericanas en los países latinoamericanos comienza aproximadamente en la década del 90 del siglo pasado. Hasta ese entonces Estados Unidos se había visto forzado a tomar préstamos considerables de Europa destinados especialmente a financiar los déficit de su balanza comercial y para atender los servicios de su creciente deuda externa. Posteriormente, Estados Unidos continuaría recibiendo capitales foráneos pero, al mismo tiempo, comenzaría a invertir sus propios capitales en el exterior, especialmente en América Latina..

Esta decisión se explica por la necesidad de ampliar los mercados externos que profundizaran el desarrollo del proceso de industrialización norteamericana, así como también asegurarse un fluído abastecimiento de diversas materias primas y responder al incremento del consumo de frutas tropicales.

A estas circunstancias de carácter económico, habría que agregarle otras de características diferentes, nos referimos a la política expansionista que no se limitaría a una larga secuela de intervenciones militares en el continente latinoamericano sino que buscaría, además, todos los canales para que ésta región se constituyera en el seguro "patio trasero" del naciente imperialismo norteamericano. Y, obviamente, las inversiones de capital en la región complementaban adecuadamente el objetivo establecido.

Las inversiones de ése período, mostraron especial interés en la agricultura en Centroamérica (ingenios azucareros en Cuba, plantaciones de bananos y frutos diversos en otros países) en minas de cobre y plomo en México y, en menor medida, en obras de infraestructura, como la instalación de ferrocarriles.

Las inversiones directas –el concepto de inversión directa, ha experimentado diversas definiciones con el correr del tiempo; en el momento de referencia, se conceptúa así a las inversiones en que los particulares o empresas poseían un interés no menor de un 25 por ciento de las acciones de las sociedades que se instalaban en el exterior; en la actualidad se considera como inversión directa con una participación menor– , pasaron de 304 millones de dólares en 1897 a un importe que las cuatriplicaba en 1914, año en que alcanzarían los 1.275 millones de dólares, ver Cuadro No. 5.

La mayor proporción de dichas inversiones se dirigieron a México –65 por ciento en 1897, 55 por ciento en 1908 y 46 por ciento en 1914– y a Cuba –15 por ciento en 1897, 25 por ciento en 1908 y 20 por ciento en 1914– mientras que las que se orientaban hacia Sudamérica eran reducidas. En efecto, el total de inversiones dirigidas a dicha región del continente americano, era de unos 38 millones de dólares en 1897 equivalente al 12 por ciento del total, mientras que en 1914, alcanzaba a un monto de 325 millones de dólares que representaba el 25 por ciento del total invertido por Estados Unidos en América latina.

Resulta particularmente interesante destacar el escaso nivel de inversiones norteamericanas en el período analizado en la Argentina ya que de 700.000 dólares en 1897 pasa en 1914 a 1,2 millones. Surge con evidencia que los capitales estadounidenses se interesaban más por invertir en los países productores de minerales y frutos tropicales que en los que proporcionaban productos de la zona templada. Ello era así debido a que en muchos casos estas producciones eran complementarias y aún competitivas con las norteamericanas. En el Cuadro No. 6 se podrá visualizar las inversiones norteamericanas por zonas geográficas.

Si efectuamos un análisis de la distribución sectorial de lss inversiones de Estados Unidos –de acuerdo con los datos proporcionados en el Cuadro No. 7– podremos apreciar los cambios experimentados en la orientación de las mismas, durante el lapso mencionado.

En 1897, la agricultura representa el 19 por ciento que, con pequeñas fluctuaciones, mantiene su nivel hasta 1914. La minería y fundición incrementa su participación en forma significativa, pasando del 26 por ciento en 1897 a un 43 por ciento, va declinando su participación hasta llegar en 1914 a un 14 por ciento.

Las empresas de servicios públicos incrementan su posición, ya que al comienzo del período llegaban a un 3,3 por ciento, en 1914 alcanzan el 7,7 por ciento. La inversión en la producción manufacturera, comienza a insinuar una tendencia atractiva que "a posteriori" del período, marcará la preferencia de los capitales norteamericanos.

En los años mencionados, el total mundial de las inversiones norteamericanas alcanzaba a 685 millones de dólares en 1897; 2525 millones en 1908 y 3514 millones en 1914. América latina representaba entonces el 45 por ciento del total mundial en 1897, en 1908 alcanzaba el 29,5 por ciento y en 1914 llegaba a un equivalente al 36 por ciento.

Efectuada una muy breve semblanza de las inversiones de los principales países capitalistas, corresponde ahora efectuar un análisis global de la inversión extranjera en América latina. En tal sentido, el Cuadro No. 8 nos brinda una información interesante sobre la distribución sectorial del total de las inversiones externas en la región latinoamericana, por país de origen a finales de 1914.

Del total invertido, 7569 millones de dólares de ése entonces, son los ferrocarriles los que absorbieron la mayor proporción, con Inglaterra como principal inversora. Merece la pena destacar que, precisamente, el Reino Unido absorbe casi la mitad del total invertido globalmente. Las empresas de servicios públicos un 12 por ciento del total, mientras que el 11 por ciento fue destinado a las actividades primarias (agricultura 3,4 por ciento; minería 7,1 por ciento y petróleo 1,9 por ciento).

La reiteradamente mencionada escasa información

acerca de las inversiones queda evidenciada en el rubro "otros sin distribuir" que abarca más del 30 por ciento de la inversión total.

"De acuerdo con una opinión general, las inversiones que 'más éxito' tuvieron para los prestatarios durante la llamada edad de oro del capital extranjero fueron las instalaciones de infraestructura, porque ellas no solamente expandian las exportaciones merced a una reducción de los costos de transporte y de otras clases, sino que también daban lugar a una ampliación del mercado interno y al crecimiento de las industrias locales. Por el contrario, las inversiones en actividades primarias habían contribuido al crecimiento del sector exportador sin una expansión similar del mercado interno, de modo que estas inversiones dieron origen a un proceso de desarrollo desequilibrado".[3]

Constituye un ejemplo sumamente conocido que la construcción de los ferrocarriles, atracción fundamental de los inversores externos, tenía como objeto principal conectar con los puertos las regiones en donde estaban establecidas las producciones destinadas a los mercados externos. Dieron lugar, de esta manera, a un importante crecimiento de las actividades vinculadas con la exportación y con las crecientes importaciones –ya que para poder vender mayores volúmenes al exterior es necesario incrementar las compras– pero no contribuyeron directamente a la expansión del mercado interno ni al crecimiento de las manufacturas y de las industrias locales muchas de las cuales fueron barridas por las importaciones indiscriminadas.

"Para la mayoría de los países su incorporación a la economía mundial significó, en mayor o menor grado, la consolidación de una división internacional del trabajo que poco ayudó a la consecución de un desarrollo industrial genuino. Este hecho puede atribuirse en parte, a algunas regiones menos favorecidas por las corrientes de capitales y en parte, a que el flujo de capital extranjero, en la medida que desarrolló sectores primarios, contribuyó a mantener en una parálisis relativa a los otros sectores de la economía. Se creó un proceso en el que la inversión de capital generó la exportación de materias primas, y ésta permitió y requirió la compra de manufacturas, lo que a su vez era una contrapartida necesaria a la salida de capitales.

En estos casos se operó además, un fenómeno adicional: la coincidencia de intereses entre el sector exportador con los intereses de la metrópoli que, más la situación de asimetría en la correlación de fuerzas, condicionó la dirección y el ritmo de desarrollo.[4]

II

CARACTERISTICAS DE LA INVERSION DE CAPITALES EXTERNOS EN LA ARGENTINA

Desde los inicios de su configuración como Nación, la Argentina se convirtió en una fuerte recipiendaria de capitales externos.

El modelo agroexportador adoptado por el país asignaba a dichos capitales un papel protagónico en la reestructuración de la naciente economía a la vez que definía con claridad su inserción en el esquema de especialización productiva internacional.

En el transcurso del siglo pasado, se había recurrido en diversas ocasiones a la obtención de recursos del exterior, fundamentalmente de Gran Bretaña, para solventar los gastos derivados de las luchas intestinas. Sin embargo, la llegada en forma de inversiones directas, recién se registraría de manera significativa a partir de la década del 80. Los gobiernos del general Roca y Juarez Celman acudieron al financiamiento externo para respaldar emisiones monetarias, inversiones en ferrocarriles y adquisiciones de tierras mediante cédulas hipotecarias, etcétera.

Esta primera etapa que va hasta fines del siglo XIX, sentó las bases de la organización económica del país y sus actividades con los mercados internacionales. Como se verá más adelante, las inversiones externas, británicas primordialmente, impulsaron el estilo de desarrollo, favoreciendo a través de su incidencia en la expansión de la infraestructura requerida para el mismo.

De acuerdo con los datos aportados por el estudio de la CEPAL "El desarrollo económico argentino" junio de 1958, se indicaba que en el año 1900 el 81,4 por ciento de las inversiones extranjeras privadas a largo plazo existentes en el país, correspondían a inversiones provenientes del Reino Unido. Parece que dicho año sería en el que se alcanzó el mayor porcentaje pues paulatinamente irá descendiendo en forma irreversible. En efecto, en 1909 alcanza a un 65,4 por ciento; en 1913 llega al 59,3 por ciento para que en 1917 su proporción descendiera al 58,2 por ciento.

Los capitales provenientes de Estados Unidos fueron en un comienzo de un monto relativamente poco significativo, pero se irían incrementando y ocuparían sectores importantes de la producción. Es entonces que en 1909, su participación sobre el total invertido alcanzaba al 0,9 por ciento, en 1913 llega al 1,2 por ciento, mientras que en 1917 alcanzaba al 2,5 por ciento del total.

Según el estudio de la OECEI (Oficina de Estudio para la Colaboración Económica Internacional) titulado: "Argentina Económica y Social, 1973" el valor total de las inversiones extranjeras privadas, existentes en el año 1913, expresadas en dólares corrientes, alcanzaba a un total de 3.136 millones de dólares. La distribución según destino de dichos capitales, era la siguiente: Valores Públicos 20,8 por ciento, Ferrocarriles 33,1 por ciento, Industria y actividades diversas 47,6 por ciento.

También fueron importantes las inversiones realizadas en compañías de tierras y para la iniciación de las manufacturas en los frigoríficos. Posteriormente los capitales extranjeros incursionaron en el comercio, las finanzas, la banca y el comercio exterior.

El Cuadro No. 9 nos brinda una visión pormenorizada de la distribución sectorial de las inversiones extranjeras en el período que se analiza.

Corresponde acotar previamente que la importancia de la inversión externa, era en dichos años, de tal magnitud que representaba alrededor del 50 por ciento del capital fijo existente.

Del examen del cuadro No. 9, surgen algunas observaciones relevantes. En primer lugar, el principal rubro al que se destinan las inversiones son los ferrocarriles. Inmediatamente continúan por su valor, los empréstitos varios y los títulos emitidos por el gobierno. Nótese que las compañías de tierras e hipotecas, las inmobiliarias y las comerciales y de crédito, reciben aportes de suma importancia. Ello tiene su explicación en la especulación efectuada con tierras y la propiedad inmobiliaria.

"Entre 1881 y 1911 el valor de la tierra aumentó en promedio un 218 por ciento en las provincias costeras, produciéndose los incrementos más pronunciados en el sur y el oeste de Buenos Aires. Los inmigrantes que habían aspirado a la propiedad de la tierra se enfrentaban con precios prohibitivos y a arrendamientos cada vez menos razonables".[5]

En 1920 es cuando las propiedades británicas en tierras, llegan a su máximo nivel. Consistían principalmente en grandes estancias ganaderas y bosques, abarcando –según estimaciones de destacados investigadores– una extensión de 3.600.000 hectáreas.

Para visualizar mejor y ejemplificar en particular sobre dos rubros de la economía hacia donde se dirigieron con preferencia las inversiones extranjeras, analizaremos los ferrocarriles y los frigoríficos.

Los ferrocarriles

La historia de las inversiones externas en los ferrocarriles argentinos, ha sido ampliamente analizada por prestigiosos economistas y políticos y es un tema aparentemente agotado. Sin embargo, debido a que fueron un factor clave para el desenvolvimiento económico nacional y el sector hacia el que se dirigieron masivamente las inversiones externas, consideramos necesario efectuar algunas breves consideraciones.

Señalemos ante todo que los primeros ferrocarriles fueron construidos por capitales argentinos. El nacimiento oficial de esta actividad fue el 12 de enero de 1854, fecha en que inicia sus tareas la famosa "La Porteña", la que posteriormente sería el Ferrocarril Oeste.

Los capitalistas privados argentinos que invirtieron en los ferrocarriles –junto con las inversiones efectuadas por el Estado– hicieron que ellos brindaran un servicio excelente y a precios razonables y, en determinadas ocasiones, aplicaban tarifas especiales o de fomento, para poder favorecer determinadas producciones (exactamente a la inversa de como procederían luego en manos de los ingleses). Cabe destacar además, que constituían un excelente negocio, desde el punto de vista de la rentabilidad obtenida.

Era evidente que existían circunstancias favorables para propender a un desarrollo económico integrado, donde el sistema ferroviario estuviera al servicio de los intereses nacionales, permitiendo comunicar y desarrollar las vastas regiones del país, llevando el progreso y propiciando un crecimiento sustancial, especialmente en las provincias. Sin embargo, el gobierno nacional, desatendiendo las posibilidades que brindaba la excepcional coyuntura, comienza a otorgar concesiones a inversores extranjeros para construir nuevas líneas ferroviarias y a inducir a los empresarios locales a vender sus intereses a los capitalistas foráneos.

El autor de este trabajo, en 1975 ha escrito el libro *Inversiones extranjeras y dependencia, enfoque histórico y actual*, Editorial Cartago, del cual extraeremos los siguientes conceptos:

"Podemos efectuar una breve semblanza de todo lo acontecido con los ferrocarriles, señalando que:

a) las concesiones y/o ventas de los ferrocarriles fueron efectuadas en condiciones ruinosas para la Nación;

b) a los inversores externos se les reconoció un costo de construcción por milla o kilómetro que resultaba exorbitante.

c) se les garantizó un beneficio "mínimo" sobre el capital invertido. Como los costos reconocidos eran muy superiores a los reales, los beneficios que obtenían los inversionistas eran sumamente importantes.

d) el gobierno nacional o provincial, participaba con partes importantes del capital accionario. Es decir que la inversión externa era mínima y se autogeneraba con el aporte de los ahorros nacionales.

e) se permitió la libre importación de todos los elementos que fueran necesarios para la construcción de las líneas ferroviarias, incluyendo repuestos varios y llegando hasta los uniformes que usaban los empleados ferroviarios, con el consiguiente incremento de costos y en perjuicio de la economía nacional y de las posibilidades de abastecimiento que ofrecían y podían ofrecer las manufacturas locales.

f) algunas lineas provinciales pasaron a poder de los financistas ingleses, merced a combinaciones tan hábiles que no requirieron inversión alguna de fondos. Citemos por ejemplo el Ferrocarril El Noroeste Argentino y el Transandino, construídos íntegramente con los fondos directamente proporcionados por el gobierno, en concepto de adelantos, ayudas y de garantías sobre fracciones mínimas construídas exprofeso para negociar sobre ellas. El F.C. Entre Ríos y el Santa Fé, fueron construídos por los respectivos gobiernos provinciales y traspasados a tenedores de títulos con extraordinarios premios extras que daban a dichas transferencias el inusitado perfil de convertirse prácticamente en una donación de líneas férreas. Señalemos tangencialmente que, en 1885 por ejemplo, el 45 por ciento del capital invertido en los ferrocarriles pertenecía al Estado, en 1890, cinco años más tarde, solo el 10 por ciento de ese mismo capital correspondía a entidades estatales.

g) Se entregó a cada línea de ferrocarriles, tierras que en muchos casos superaban una legua, a ambos lados de las vías. Con dichas tierras se constituyeron diversas compañías que revendieron los solares haciando brillantes negocios (volver a examinar el Cuadro No. 9). Podemos afirmar, sin temor a equivocarnos, que con el precio de los terrenos cedidos gratuitamente, el gobierno hubiera podido financiar perfectamente los ferrocarriles, reservándose así una fuente de poder, de acumulación y de integración económica de la Nación".

El trazado de las líneas férreas fue efectuado siguiendo las conveniencias inglesas y, naturalmente de la oligarquía criolla de la provincia de Buenos Aires, ya que contribuía a transformar al puerto de Buenos Aires en el principal intermediario entre las producciones del interior que debían converger hacia allí para lograr su salida al exterior. Los productos importados pasaban también por la Aduana de Buenos Aires y, posteriormente, eran distribuidos por todo el país.

Es en este momento histórico en que comienza a perfilarse una "alianza", tácita, pero sumamente efectiva, entre la clase dominante argentina y los inversores ingleses. La oligarquía criolla, dueña de las principales riquezas (tierras, ganados, capitales, etcétera) con el monopolio de las rentas que producía la Aduana de Buenos Aires, no sólo incrementaba su poder sino que tenía el elemento que podría permitir o nó el desarrollo de determinadas regiones del país o condenarlas al estancamiento y empobrecimiento. Los inversores ingleses que complementaban con sus capitales aquellos sectores que "no resultaban interesantes" para la clase dominante local, tenían abierta la válvula de las importaciones de su amplia línea de manufacturas que, compitiendo cómodamente con determinadas producciones locales las condenaba a su extinción.

Un elemento complementario, pero importante, entre los que fueron tejiendo la red de intereses que estrecharía la "entente" de la clase dominante criolla y los capitalistas ingleses, fue el manejo de la tarifa ferroviaria, que podría estimular o impedir la existencia de ciertas producciones y que éstas pudieran acceder a Buenos Aires y contar con dicho mercado o ser exportadas.

Se puede señalar que el ferrocarril fue un factor de progreso pero no de desarrollo armónico y, contribuyó singularmente, al enriquecimiento de la oligarquía local y de sus aliados los capitalistas ingleses; contribuyendo además, a establecer el dominio del puerto de Buenos Aires y la concentración económica y demográfica en torno a su zona de influencia.

Consideramos de utilidad reproducir aquí parcialmente, una carta escrita en el año 1883 por el embajador de Francia en Buenos Aires: "El mundo financiero en Alemania y específicamente en Inglaterra, parece tener particularmente despierta la atención sobre éstos países de América. Los capitales ya no encuentran en Europa más que una colocación difícil. La Confederación Argentina está en una situación especialmente favorable para atraerlos. El rápido desarrollo que han tomado sus negocios, su espíritu de iniciativa, las especulaciones felices que allí se hacen, la estabilidad política que se afirma cada vez más, han consolidado el crédito. Pero, por otra parte, ella tiene un enorme territorio apenas habitado y una industria todavía en su niñez que necesita ayuda y el concurso extranjero"...[6]

Mientras tanto, la economía argentina realizaba una amplia apertura al exterior; el incremento del intercambio comercial fue motivado por la diversificación relativa de sus exportaciones, especialmente en la atinente a la producción agropecuaria, primero con los cereales y luego con la incorporación de productos ganaderos merced a la instalación de los frigoríficos.

"Entre 1869 y 1914, el comercio internacional argentino decuplicó su valor. Las exportaciones casi se triplicaron entre 1900 y 1909. El comercio exterior del país, ocupó el segundo lugar en el continente americano detrás del de Estados Unidos. Gran Bretaña, su primer cliente pero también su primer proveedor, vendía más a esta lejana nación sudamericana que a los súbditos británicos del Canadá. Por el valor per cápita de sus importaciones la Argentina se ubicó en el tercer lugar mundial..."[7]

Los Frigoríficos

Los frigoríficos fueron otro de los sectores básicos de la economía que atrajeron el interés de los capitales británicos y que sirvieron además, para anudar mejor la alianza entre los capitalistas de dicho origen y la oligarquía criolla.

Dada las características climatológicas y la feracidad natural de las tierras, la ganadería se había desarrollado –en un principio– en forma natural y prácticamente sin intervención de la mano del hombre.

Posteriormente se fue aprovechando el cuero, el cebo, y se utilizaba la salazón de las carnes para su conservación y ulterior exportación. Durante muchos años los cueros fueron uno de los rubros más importantes de las exportaciones del país. Las carnes saladas eran exportadas para aquellos mercados que como Cuba y Brasil tenían importante cantidad de esclavos. A finales de la década del 80 la ganadería argentina contaba con planteles mejorados y ya se habían comenzado a instalar los frigoríficos que dedicaban todos sus esfuerzos a la exportación hacia Gran Bretaña.

Para el abastecimiento normal de los frigoríficos, se debía contar con las pasturas convenientes ubicadas en las proximidades de los establecimientos faenadores. Poco a poco se va constituyendo una especie de "nueva clase social", el invernador, que compra los animales jóvenes, los termina y los entrega en el momento oportuno a los frigoríficos. Este nuevo personaje forma parte de la oligarquía criolla y sirve a los frigoríficos pues ante cualquier dificultad o pretensión de parte de ellos, él hacia bajar los precios de los ganaderos medianos y pequeños.

Al mismo tiempo, capitales argentinos instalaban también establecimientos frigoríficos.

"Los frigoríficos pasaron a dirigir la exportación de carnes argentinas, la eliminación de ss competidores en el mercado interno, en lo que se refiere a las compras de ganado, les dio una posición de práctico monopolio. Por otra parte, sus excedentes se dirigieron casi exclusivamente hacia el mercado inglés por ser éste el que mayores posibilidades ofrecía para las carnes congeladas.

"El fracaso de las tentativas de abrir un nuevo mercado en Francia, por la presión de los ganaderos locales, consolidó este hecho.

"Por otra parte, el aumento notable del nivel de vida de la población inglesa trajo aparejado un aumento en el consumo de carnes y, consecuentemente, posibilidades atrayentes para los exportadores de ultramar".[8]

El año 1907 habría de marcar la iniciación de un nuevo ciclo en el comercio de carnes. En efecto, capitales norteamericanos captaron las enormes posibilidades existentes y comenzaron su radicación en el país. Y como base de lo que sería luego una política deliberada, comienzan por adquirir frigoríficos que ya estaban instalados. En buena medida lograron su propósito, y además instalaron nuevas plantas, introduciendo modernas técnicas en la organización y mecanización del faenamiento.

Lenta pero sistemáticamente se produce una dura lucha entre los frigoríficos ingleses y los norteamericanos que continuaban ampliando sus actividades. Esta confrontación habría de terminar en un acuerdo, en detrimento de los frigoríficos nacionales.

Veamos algunos datos:

Entre 1905/1909 las exportaciones de frigoríficos británicos promediaron el 49,7 por ciento; las de los norteamericanos llegan al 23,3 por ciento y las de los argentinos alcanzan al 27 por ciento (habiendo tenido su pico máximo en 1905 con el 31,6 por ciento).

Entre 1915/1919 las exportaciones de los frigoríficos británicos aportan un promedio del 38,4 por ciento del total, las de los norteamericanos alcanzaron un 55,9 por ciento mientras que las exportaciones de los frigoríficos nacionales sólo promediaron un 5,7 por ciento.

Dicho de otro modo, los frigoríficos extranjeros exportaban en conjunto el 94,3 por ciento de las ventas externas de carnes argentinas. La expansión de los frigoríficos norteamericanos continúa aceleradamente y en la década 1915/1925 la lucha por obtener una mayor participación en las exportaciones se exacerba. En 1925 lo exportado se descompone de la siguiente manera: frigoríficos británicos 25,6 por ciento, frigoríficos norteamericanos 63 por ciento y frigoríficos argentinos el 11,4 por ciento.

En el período considerado quedan firmes tres conclusiones que configuran los tres principios básicos que rigieron el comercio de carnes argentinas:[9]

"1o. que los capitales británicos y yanquis se pusieron de acuerdo para dividirse sin competencia la exportación de las carnes argentinas, adjudicándose sin intervención de ninguna autoridad, cuotas y porcentajes, fijando el monto de seguros y fletes y disponiendo de las bodegas a su arbitrio, configurando en conjunto una verdadera actividad monopolista que tuvo su organismo directivo en las 'Conferencias de Fletes' constituídas por los gerentes de las empresas y que se reunían periódicamente para cumplir las finalidades indicadas.

2o. Que la selección de calidades que efectuaron para la exportación, significó una total segregación de la ganadería bonaerense del resto de la ganadería nacional e hizo a esos ganaderos, una clase privilegiada, cuyo interés particular confundió con el interés nacional.

3o. Que asimismo, la unión de tales capitales actuó sin interferencias en el mercado consumidor de Gran Bretaña, cuyas ventas al detalle se encontraban acaparadas por la firma inglesa 'Vestey Hnos' propietaria de 6.000 carnicerías y las compañías norteamericanas 'Fletcher' y Webel'.

Faltaría agregar que los precios eran fijados en el mercado británico de Smithfield.

La alianza entre la clase dominante argentina y el capital extranjero

Habíamos mencionado anteriormente, en forma tangencial, como se comenzaba a estructurar una alianza entre la clase dominante argentina y los capitales extranjeros. Consideramos que es necesario ahora, precisar algunos conceptos. Gran Bretaña en su eterna rivalidad con España, ambicionaba desde principios del siglo XIX introducirse en Latinoamérica. Recuérdese simplemente, las dos invasiones efectuadas en el Río de la Plata que, aunque fracasaron en el plano militar, dejaron su profunda influencia demostrando que Inglaterra producía más cantidad, mejores y más baratas manufacturas que las que proveía España.

El contrabando que ya se practicaba de antes, es realizado en niveles desconocidos hasta entonces, tanto por los capitalistas criollos como por muchos españoles que veían incrementar su fortuna. Lentamente, en el seno de lo que en aquel entonces comienza a perfilarse como la clase dominante argentina, se asume la conveniencia de contar con el abastecimiento de las manufacturas británicas, aún en detrimento de aquellas que podrían ser abastecidas localmente. Conviene destacar que a la naciente y poderosa clase dominante no le interesaba nada que pudiera distraerla de sus posesiones principales, la tierra y todo lo que ella producía sin necesidad de grandes inversiones.

"Con anterioridad a la revolución argentina de 1810, la tierra fue la principal fuente de riqueza y la ratificación de una cierta posición social en ese Virreinato del Río de la Plata, carente de todo otro recurso. La revolución de la independencia no modificó manifiestamente las relaciones sociales, políticas y económicas fundamentales entre la masa del pueblo, los propietarios rurales y el suelo. Aunque el gobierno de Rivadavia, en la década del veinte y la dictadura de Rosas, en las dos décadas siguientes, fueron polos opuestos en sus filosofías respecto de sociedad y gobierno, ambas produjeron el mismo fruto: la mayor concentración de tierra en manos de relativamente poca gente".[10]

Recordemos que para garantizar el empréstito, contraído con la Banca Baring Brothers, Rivadavia hipotecó la tierra de la provincia de Buenos Aires (operación normal para aquellos tiempos, para acceder a préstamos internacionales). Para tratar de obtener algunos fondos aplicó el sistema de la enfiteusis, que le permitió arrendar dichas tierras por un cánon insignificante, por un lapso de veinte años.

Jacinto Oddone en su clásico libro *La burguesía terra-*

teniente argentina señala que: "Sumadas las superficies parciales de cada enfiteuta, resulta que los 538 adjudicatarios que constituyen la nómina, obtuvieron en conjunto 3.206 leguas de tierra, esto es: ocho millones seiscientas cincuenta y seis mil hectáreas (8.656.000 ha), debiéndose agregar a esta cantidad las superficies de algunos enfiteutas que no figuran en la nómina y las de otros que figuran en blanco, lo que aumenta la cifra total considerablemente".

Posteriormente, en la época de Rosas se adjudica la tierra pública en tres formas diferentes: por venta o remate, como premio a los militares que habían participado contra los indios o a favor de Rosas, o en el Paraguay, o con el propósito de colonizar y llevar población a las nuevas líneas de fronteras. De modo tal que la provincia se convirtió en un feudo de pocas familias.

Volviendo a Jacinto Oddone, nos señala que Domingo F. Sarmiento, más tarde, escribía que 52.000 millas cuadradas, esto es tres veces la superficie de Inglaterra, estaban en manos de 825 propietarios.

El gobierno del general Julio A. Roca organiza la campaña al desierto (uno de los mayores genocidios practicados contra el indio) y realiza la mayor apropiación de la tierra pública que se reparte en forma totalmente arbitraria y, naturalmente, en pocas manos. Poco tiempo más tarde, Juárez Celman, respondiendo a las críticas por la forma en que manejaba el problema de la tierra, decía: "Dicen que dilapido la tierra pública, que la doy al dominio de capitales extranjeros; sirvo al país en la medida de mis capacidades. Y luego agregaba: "Pellegrini mismo acaba de escribirme que la venta de 24.000 leguas, sería instalar una nueva Irlanda en la Argentina. ¿Pero no es mejor que esas tierras las explote el enérgico sajón y no que sigan bajo la incuria del tehuelche?"

Repartida la tierra, lo mejor de la pampa húmeda, una de las zonas más fértiles del mundo, entre pocos privilegiados que se erigen en la clase dominante, ahora se torna necesario contar con mano de obra y una infraestructura adecuada que permita movilizar esa riqueza colosal. De allí entonces, que se abran, en ese momento, las puertas para la inmigración europea. Y que se intensifique el trazado de las diferentes líneas ferroviarias.

En lugar de colonización, se produjo lo que se dio en llamar una desorbitada especulación con la tierra que terminó por aumentar y reforzar el predominio latifundista. Si recordamos que al iniciarse la inmigración masiva, la mayor parte de la tierra más accesible y de mejor calidad para los cultivos o la ganadería, estaba en manos de muy pocos propietarios; en 1914, por ejemplo, después de casi medio siglo de inmigración, los extranjeros ya representaban la mitad de la población activa total, los inmigrantes constituían solamente el 10 por ciento de los propietarios de bienes raíces. Las familias tradicionales habían logrado mantener y aumentar en lo sustancial el régimen latifundista. Cosa que,con las variantes naturales de tan largo proceso, se mantiene hasta la actualidad.

Mientras esta situación transcurría, al conjuro de una especulación desenfrenada con la tierra, a la que contribuyó la creación de los bonos y de las cédulas hipotecarias, se fue extendiendo una inflación desconocida hasta entonces.

"Los estancieros, grandes terratenientes y ganaderos, y políticos, los especuladores y los abogados de las grandes sociedades, eran los principales beneficiarios argentinos de la descomunal inflación en el valor de la tierra y los precios de exportación. Para estos hombres del ochenta, la prolongación de la prosperidad dependía de su habilidad para mantener el crédito de la República Argentina y, paradójicamente, este crédito dependía no sólo de la riqueza de la tierra y de la cantidad de inmigrantes, sino también de la constante afluencia de divisas extranjeras. Con el crédito podían mantenerse las elevadas importaciones de maquinaria extranjera, hierro, carbón y productos textiles; con estos artículos y muchos otros la nación podía continuar explotando sus materias primas e incrementar la producción, cerrando así el círculo mágico al ofrecer zonas aún mayores a la inversión extranjera."[11]

Los hacendados argentinos y sus asociados eran los beneficiarios directos –y en esto tenemos una vasta experiencia de lo sucedido en largas décadas en nuestro país– de la especulación inflacionaria y de la extraordinaria valorización de la tierra. El gobierno no hizo absolutamente nada para contener la devaluación de la moneda nacional. "Mediante esta extraña actuación en la economía doméstica e internacional, la clase dirigente argentina se ligó a Europa con cadenas de oro. A cambio de estos lazos (tanto en el sentido literal como simbólico) la nación pagó intereses y también entregó a los extranjeros la propiedad de sus ferrocarriles y otros servicios públicos, "así como grandes extensiones de terreno."[12]

Como hemos señalado más arriba, conviene remarcar que muchas obras de infraestructura, y especialmente de los ferrocarriles, fueron realizadas inicialmente por empresarios argentinos que, obviamente, corrían con el riesgo de implantar un servicio necesario pero que no era absolutamente seguro. Sin embargo, de acuerdo con las tesis de prestigiosos autores, las razones que impidieron a los empresarios argentinos consolidar sus posiciones en los ferrocarriles, han sido varias y de distinta naturaleza. Sintéticamente señalamos: a) fuertes presiones por parte gubernamental para transferirlos a los capitales ingleses; b) la mentalidad de los capitalistas argentinos –de algunos– de concentrarse en sus negocios tradicionales y no innovar en un tema altamente conflictivo con las autoridades. Los ferrocarriles y otras inversiones en infraestructura ofrecían dos modalidades de negocios. Una era la rentabilidad asegurada por el mercado oligopólico ofrecido por el gobierno. La otra consistía en la provisión de equipos y de materiales diversos. Los empresarios argentinos tenían acceso a la primera de las posibilidades y los británicos podían acceder a ambos negocios a la vez y esta posibilidad era sin duda brillante por su alta cuota de beneficios.

"En tales condiciones el predominio de los capitales extranjeros en los ferrocarriles y otras inversiones de infraestructura reproducía y acompañaba la provechosa asociación entre propietarios y arrendatarios agrícolas que se daba en otro plano. El excelente negocio para el empresario extranjero, pero no para el argentino, era enormemente beneficioso para este último: entre 1900 y 1914 las líneas férreas se duplicaron, condición indispensable para la expansión vertiginosa del agro pampeano, que a su turno, induce una fenomenal acumulación interna de capital, al tiempo que abre múltiples oportunidades para emplearlo. La doble faz del negocio de los ferrocarriles (como el de la energía eléctrica, el de los teléfonos, etcétera) sugiere también una explicación para el de los frigoríficos. En esta actividad el volumen de los capitales invertidos era muchísimo menor y la relación entre capital fijo y producto no difería demasiado de la imperante en sectores como el agropecuario."[13] Más adelante el autor agregaba: "Hay un rasgo común entre las inversiones extranjeras en infraestructura y en frigoríficos: ninguna de ellas modificaba la forma y el empleo de la acumulación del capital en la Argentina que supusimos típicos. Por el contrario, el efecto de estas inversiones fue generalmente el de estimular aún más la aplicación de enfoques comerciales, y financieros **en la colocación interna de capitales, facilitar la concentración de fortuna y las prácticas especulativas. El rápido crecimiento de las líneas ferroviarias, de las comunicaciones, de los puertos, de la provisión de servicios públicos, multiplicó la emergencia y veloz expansión de nuevas actividades altamente rentables y, en ciertos casos, creó condiciones propicias para que se produjera una alta concentración comercial".** . (destacado en negrita nuestro).

En su excelente trabajo, el autor agrega más adelante: "La frustración de un desarrollo capitalista autónomo, acorde con los recursos disponibles en la Argentina, afectó al conjunto del país pero, dentro del mismo, perjudicó comparativamente poco a la clase dominante: por su versatilidad, por tener a su disposición una masa de capital fácilmente desplazable, esta clase quedó mucho menos atada al estancamiento de la economía nacional".

Aldo Ferrer, en su libro *Nacionalismo y Orden Constitucional* (Fondo Cultura Económica), aporta sustanciales conceptos que deseamos recoger: "La propuesta de los proteccionistas reformadores no fue derrotada por una imposición de afuera, fue descartada por la irrupción arrolladora de acontecimientos que abrieron, para los grupos dominantes del centro hegemónico argentino, una frontera de desarrollo que se pensaba entonces ilimitada. **Es claro que la presencia británica y la de otros intereses del exterior reforzó la gravitación de los grupos hegemónicos internos en el desarrollo económico y político del país y que esos grupos fueron fieles a sus socios foráneos.** (destacado en negrita nuestro).

De esta manera, utilizando varias citas de autores prestigiosos, hemos tratado de explicitar mejor nuestro punto de vista, para demostrar como gradualmente se irá estableciendo sobre bases firmes, una situación particular que hemos denominado como la "alianza", como la "entente", entre la clase dominante argentina y el capital extranjero.

Como es natural que suceda en toda alianza de intereses diversos, ésta no ha carecido en el devenir histórico de contradicciones, antagonismos, e inclusive de ciertos enfrentamientos; sin embargo ha perdurado a través del tiempo. Y llegando hasta la actualidad, de modo tal que puede afirmarse, sin temor a dudas y los hechos lo demuestran que no existe ningún aspecto de la estructura económica argentina donde su presencia no sea un factor determinante. La interpenetración de capitales e intereses es un fenómeno de palpitante actualidad y rige la vida económica nacional. Y ello ha podido ser evidenciado en forma particularmente intensa, en el pasado más reciente, que con tal de mantener y acrecentar sus privilegios, poder y beneficios no vacilaron en conducir al país al estado de postración, debilitamiento y empequeñecimiento en que se encuentra la economía nacional. De la situación actual (1987) ya se hablará más adelante.

El pacto Roca-Runciman

El 11 de enero de 1933, partió de Buenos Aires hacia Gran Bretaña, una Comisión Especial presidida por el vicepresidente de la Nación, Dr. Julio A. Roca, con el objetivo de discutir y convenir las condiciones de un futuro tratado comercial. Integraron la delegación argentina, entre otros, el Dr. Guillermo Leguizamón, presidente del Directorio de los ferrocarriles, el Sr. Raúl Prebisch ex gerente de la Sociedad Rural Argentina.

En uno de los discursos, el Dr. Julio A. Roca pronunciaría este concepto que lo haría célebre por su actitud ante Gran Bretaña: "La geografía política no siempre logra en nuestros tiempos imponer sus límites territoriales a la actividad de la economía de las naciones. Así ha podido decir un publicista de celosa personalidad que la Argentina, por su interdependencia recíproca, es, desde el punto de vista económico, una parte integrante del Imperio Británico". Y en aquel entonces hubo un miembro del Parlamento argentino que dijo con toda crudeza: "La Argentina es en realidad una colonia económica y más le valiera incorporarse abiertamente al Imperio Británico".

El Pacto Roca-Runciman y el protocolo adicional fue aprobado entre el 27 y 28 de julio de 1933 por la Cámara de Senadores y sancionado bajo la ley aprobatoria No. 11.693.

Las características principales (sucíntamente relatadas) son las siguientes:

a) Inglaterra concedió a la Argentina una cuota de exportación, por un número reducido de años, para exportar a Gran Bretaña, chilled beef, carne enfriada de la mejor calidad y precio.

b) de modo tal que las exportaciones cárneas argentinas quedaban bajo el control o en manos de Inglaterra, pudiendo ésta aumentar o disminuir a voluntad esas exportaciones.

c) la cuota se fijaba de acuerdo a un promedio de lo exportado en el segundo trimestre de 1932, para la carne vacuna u ovina congelada, salvo que se establecieran restricciones para las importaciones a dichos productos que procedieran de países de la Comunidad Británica de Naciones.

d) se establecía que el 85 por ciento de las licencias de importación de carne argentina, se otorgaba a los frigoríficos ingleses y norteamericanos siendo el 15 por ciento restante adjudicado a los productores nacionales (frigoríficos Gualeguaychú y el Municipal de Buenos Aires) y se impedía la organización autónoma de la exportación de dichos frigoríficos al Reino Unido.

e) se establecía un régimen preferencial para permitir el pago de utilidades que debían ser giradas al Reino Unido, provenientes de las empresas británicas radicadas en la Argentina. Para satisfacer este requisito, el gobierno argentino, recibió un empréstito de Inglaterra, con la carga de los intereses correspondientes.

f) se determinaba una situación beneficiosa para la importación de carbón del Reino Unido, desgravándolo del pago de derechos y aranceles. Esta cláusula se hizo extensiva a todas las otras mercaderías que se importaban desde Inglaterra.

g) se estableció el compromiso del gobierno argentino de dar trato "benévolo" a las empresas de servicios públicos.

h) se implementó la creación de la Corporación de transporte para favorecer a las compañías inglesas propietarias de los tranvías, contra los otros medios de locomoción. Dicha Corporación se realizó mediante la formación de una sociedad mixta entre dichas empresas, el gobierno nacional y la Municipalidad de Buenos Aires.

Obvian los comentarios. Sin embargo es conveniente señalar que "las consecuencias de este convenio están a la vista. En virtud de este tratado hemos entregado todos los resortes de la economía nacional al contralor del capital extranjero. Por de pronto, el gobierno de la Nación ha cargado con la obligación de reintegrar las utilidades de los ferrocarriles y de otras compañías de servicios públicos extranjeros, devolviéndoles con intereses en virtud del llamado empréstico inglés. La falta de giros para las remesas de dinero al exterior era, desde luego, la evidencia de que se habían hecho ganancias extorsivas por aplicación de tarifas incompatibles con el estado actual de la economía argentina. El empréstito inglés fue por 13 millones de libras esterlinas. El 70 por ciento fue destinado para pagar las utilidades de los ferrocarriles Central Argentino, Pacífico, Oeste, Midland, Ferrocarriles de Petróleo, de Entre Ríos, Nordeste Argentino, Aguas Corrientes de Bahía Blanca, Obras Sanitarias de Santa Fe, Compañía Comercial de Rosario, Compañía de Gas, Compañía de Electricidad de la Provincia de Buenos Aires, Compañía Anglo-Argentina. El gobierno fue obligado a emitir ese empréstito cuya amortización se extiende por un plazo de veinte años para facilitar la repatriación de las utilidades acumuladas por esas empresas".[14]

Sintéticamente, el Pacto Roca-Runciman fue realizado en beneficio de los intereses británicos y, consiguientemente, fue uno de los factores de profundización de la dependencia de nuestro país.

En forma casi paralela a las negociaciones que culminaron con el Pacto, se produce la llegada al país invitado por el gobierno nacional del especialista inglés sir Otto Niemeyer, contratado para efectuar un estudio sobre el ordenamiento financiero del país.

Los estudios fueron realizados y el entonces ministro de Hacienda, Federico Pinedo, los hace suyos y envía al Congreso Nacional seis proyectos de gran importancia y que disponían: 1) la creación del Banco Central de la República Argentina; 2) la Ley de Bancos; 3) la creación del Instituto Movilizador; 4) la Ley orgánica del Banco Hipotecario; 5) la Ley orgánica del Banco de la Nación. Como es lógico, dichos proyectos fueron aprobados por el Parlamento Nacional.

La creación del Banco Central se enmarcaba en la política británica de reconstruir, de acuerdo con sus intereses, el sistema monetario internacional que había sido desarticulado por la Gran Depresión que afectó a todos los países. El reordenamiento propuesto incluía la constitución de una serie de instituciones similares en los países ligados al Imperio con el objetivo de centralizar el control sobre las finanzas de dichas naciones.

Las funciones asignadas al nuevo organismo son muy amplias ya que tiene a su cargo el manejo de la moneda, el crédito, la política cambiaria, el control de la circulación monetaria, la regulación de la tasa de interes, etcétera.

"...el Banco Central servía a la política del imperialismo inglés no fundamentalmente porque éste lo controlara desde adentro y complotase en el directorio, sino porque el Banco Central de un país capitalista semicolonial no puede hacer otra cosa que actuar según las leyes de ese capitalismo, que implican la subordinación a la metrópoli. Por la misma razón el Banco de la Nación Argentina, pese a que siempre fue propiedad del Estado y en él nunca tuvieron injerencia directa los bancos privados, nacionales ni extranjeros, realizó siempre una política que amplió y perpetró la orientación de la economía argentina en beneficio de la metrópoli británica "Esta subordinación al imperialismo inglés se daba no porque el consorcio Leng Roberts tuviera acciones en el directorio, sino porque grupos como Leng Roberts dominaban –dominan– la economía argentina", (Los resaltados son nuestros; en la sección de este trabajo, en el análisis de casos, el actualmente denominado "grupo Roberts" es el sucesor de Leng Robers y continúa con su inmensa concentración de poderío económico y, además se extiende a un número enorme de empresas subsidiarias).[15]

El desarrollo industrial, la etapa sustitutiva.

Dejando de lado el desenvolvimiento de las manufacturas y producciones artesanales existentes aún en la colonia, limitándonos al período de la denominada "generación del 80" podemos coincidir con el criterio sustentado por Jorge Alberti y Franco María Castiglioni en su trabajo "Política e ideología en la industrialización argentina" publicado en el boletín de Techint No. 239, octubre-diciembre 1985 (Buenos Aires) cuando señalan que: "La industrialización tiene un pecado original: no es parte integrante del proyecto del '80. Nace como actividad secundaria, relativamente dependiente del desarrollo agroexportador y goza de escaso prestigio social. Se inserta marginalmente en una cultura, en una sociedad y un sistema político consolidados. La modernización social (diferenciación socio-económica, urbanización, alfabetización, etcétera) no es generada por la industrialización".

Las opiniones vertidas tienen lamentablemente un peso real para nuestro país.

Vale la pena recalcar algunos conceptos emitidos. Digamos en primer lugar que la clase dominante argentina, poseedora de inmensas extensiones de tierras, tuvo la particularidad que dicha posesión no le hubiera significado una inversión de capital acorde con el valor de la propiedad y menos aún con el producto que se obtenía (sea la agricultura o la ganadería bovina o cuando fue menester, la ovina). Es decir que la clase dominante "otorgó una mayor eficiencia económica a las grandes explotaciones frente a las de familias de colonos, lo cual permitió conservar extensas propiedades, consolidando una clase de grandes terratenientes y acarreando una fuerte concentración de los ingresos y de los excedentes generales en la pampa; acostumbró a esa clase empresaria a que, actuando con criterios de 'eficientes empresarios capitalistas', variara permanentemente el tipo de producción rural (agrícola o ganadera) en función de las oportunidades ofrecidas por el mercado; esta posibilidad de acomodarse a circunstancias cambiantes **les permitía disminuir riesgos y obtener ganancias superiores a las que podía lograrse incrementando la productividad de los factores; consiguientemente desestimuló la colocación de las ganancias obtenidas en inversiones productivas especializadas, favoreciendo en cambio el mantenimiento de activos líquidos o semilíquidos que podían ser destinados alternativamente a la producción más rentable**"[16] (destacado en negrita nuestro).

La formidable masa de recursos líquidos, en poder de la clase privilegiada, le permitía en un período de auge de la economía nacional como el que se estaba viviendo, participar activamente de los negocios más lucrativos: las construcciones urbanas, el comercio, los trabajos públicos, pero fundamentalmente la especulación que, en determinados momentos, llegó a ser calificada como desenfrenada tanto en la Bolsa como en el sector bancario.

De modo tal que a nuestro entender –y dado el desgaste que en la actualidad sufre el vocablo eficiente–

más que "eficientes empresarios capitalistas" habría que calificarlos como "eficientes especuladores". De esta manera la alta clase empresaria argentina fue conformando una mentalidad diferente a la que existe en otros países. Adquirió una forma de pensar y actuar en la búsqueda exclusiva de la maximización de sus beneficios, procurando efectuar la menor inversión posible. Y menos aún, la inversión que puede suponer algún riesgo como es la producción industrial.

Dentro de este contexto, resulta que las condiciones para iniciar un sostenido proceso industrializador fueran insuficientes.

La producción de artículos manufacturados que se realizaba en determinadas zonas del interior del país y de la capital no podía subsistir frente a los menores costos y la mejor calidad de la producción extranjera. Y la clase dominante argentina, no tenía interés en fomentar el desarrollo industrial, por el contrario, su interés estaba en efectuar las mayores exportaciones de productos agropecuarios. Este esquema se mantuvo prácticamente sin tropiezos hasta la crisis de los años '30, aunque hubo un toque de atención en el período de la Primera Guerra Mundial.

El estudio de la CEPAL "El desarrollo económico de la Argentina", 1958, señala que hasta el quinquenio inmediato anterior a la guerra de 1914-18, las importaciones representaban casi el 60 por ciento de la demanda final de productos industriales, mientras que en el quinquenio posterior (1915–19) dicho porcentaje disminuye a poco más del 45 por ciento.

De hecho, la incipiente industria nacional había recibido una protección y ello la llevó a descubrir el mercado interno de las manufacturas, especialmente de productos agroalimenticios y textiles. Aunque es menester mencionar que anteriormente se habían instalado importantes talleres ferroviarios, ingenios azucareros, talleres metalúrgicos, empresas textiles, etcétera.

El establecimiento de la industria nacional estuvo enmarcado en un cúmulo de contradicciones que llegaron a situaciones conflictivas, especialmente con el sector agroexportador, con los importadores locales y con los intereses ligados directamente con Inglaterra y Estados Unidos.

La oposición de las naciones imperiales, especialmente en ese entonces de Inglaterra, al desarrollo industrial argentino, se hacía sentir también sobre otros sectores que condenaban al estancamiento a determinadas ramas de la producción. Así, se insistía que nuestro país carecía de recursos mineros, cobre, hierro, zinc, carbón etcétera. Se estimulaba en cambio, la importación de dichos productos. El caso típico fue el del carbón, que llegaba barato relativamente pues era traído como lastre en las bodegas de los barcos que transportaban cereales al exterior. La realidad la tenemos aún en la actualidad, en que pese a haberse comprobado la existencia de importantes yacimientos mineros, la Argentina no explota dichos recursos en la medida de sus necesidades y posibilidades.

Frente al desinterés nacional, o mejor dicho oficial, de desarrollar una industrialización importante, se facilitó en cambio, la radicación de empresas de capital extranjero.

La presencia de dichos capitales era cada vez más intensa, especialmente los de origen norteamericano –la mayoría de los cuales se instalaron en el sector industrial– y contaban con las mayores facilidades que les brindaba el gobierno, en contraposición con las dificultades que debían soportar los industriales nacionales.

Respecto a las demás industrias no se les brindó el apoyo necesario para cubrir las etapas complejas hasta su consolidación.

"La seudoindustrialización de Argentina –como la de todos los países atrasados– presenta características distintas, y en última instancia opuestas, a las propias de la industrialización. Por sobre todo, se realiza sin modificar sustancialmente la estructura social del país y los desplazamientos a que da lugar dejan en pie las antiguas relaciones de propiedad y entre las clases. La seudo industrialización no subvierte la vieja estructura sino que se inserta en ella. Esta particularidad, que constituye la esencia de la seudoindustrialización, manifiéstase en multitud de fenómenos que se presentan de diversas maneras en distintos países, pero pueden reducirse a una serie de aspectos económicos, que caracterizan el proceso de seudoindustrialización, diferenciándolo también de la verdadera industrialización, en términos económicos".[17]

La crisis que afectó gravemente al sistema capitalista a nivel mundial en 1930 provocó, entre otras muchas consecuencias, un fuerte descenso del comercio internacional, que tuvo innegables repercusiones en la evolución económica argentina.

El sector externo dejó de ser el elemento dinámico por excelencia y en su lugar comenzaron a ejercer una importante gravitación el gasto público y la inversión privada. Desde el punto de vista de la oferta global, la caída de los ingresos producidos por las exportaciones limitó la capacidad de sustitución de importaciones que tuvo como principal punto de apoyo al sector industrial que ampliaría su accionar.

El proceso de expansión industrial se basó en sustituir productos y manufacturas industriales e incluso algunos bienes de capital que hasta entonces se importaban habitualmente.

Merece un párrafo especial el papel desempeñado por el capital norteamericano. El poder financiero que había adquirido la industria de Estados Unidos le permitía exhibir una agresividad destacada en la conquista de nuevos mercados, desplazando sistemáticamente a los competidores ingleses y de otras nacionalidades. La ofensiva norteamericana se dirigió al sector industrial con preferencia. La radicación de plantas locales que abastecían el mercado interno, era una forma eficaz de conquistar "desde adentro" diferentes ramas de la producción.

Las plantas que se instalaron fueron, entre otras, de automotores y equipos eléctricos. Téngase en cuenta que la Ford se instala en 1913 y en 1925 lanza al mercado vehículos ensamblados localmente. La IBM que en un principio fabricaba máquinas de contabilidad en su país de origen, se instala en 1923.

Está claro que la industria que se estaba montando se basaba esencialmente en el armado final, lo que requería una constante importación de las partes constitutivas desde el exterior.

El desarrollo industrial –proceso sustitutivo mediante– que se iba logrando implantar en la Argentian, fue posible debido a la existencia de un amplio mercado interno, debiso a que nuestro país había alcanzado hacia esos años un elevado nivel de ingresos y también un elevado nivel de urbanización.

Conviene destacar que el proceso sustitutivo se concretó principalmente en aquella producciones que requerían una tecnología menos compleja y para las cuales ya existía un mercado organizado y en cierto modo, ávido de obtener dichos productos. Por tal razón, el desarrollo se particularizó, en mayor medida en las industrias de bienes de consumo no durables que en las de productos intermedios y bienes de capital.

Al estallar, en 1939, la Segunda Guerra Mundial, la industria nacional recibe un nuevo impulso para profundizar el proceso de sustitución de importaciones que en esta oportunidad ya no tendría un carácter provisorio y avanzaría en su desarrollo en forma significativa.

Cabe destacar que al finalizar la década del cuarenta, la industria argentina había completado prácticamente el proceso de expansión y consolidación, sobre todo en lo que se refiere a las industrias livianas. Capitales nacionales y capitales extranjeros, estos últimos con grandes facilidades –como ya se ha mencionado– fueron los autores de esta etapa del proceso industrial argentino.

La mentalidad del industrial

Una de las características fundamentales de este desarrollo industrial es que se realiza sin ningún tipo de planificación que, mínimamente priorizara, los sectores que fueran de mayor importancia.

"Lo peculiar de este proceso de sustitución de importaciones, es que permite una industrialización sin revolución industrial, es decir, no necesariamente antagónica de los intereses oligárquicos."[18]

Y más adelante el autor agrega: "Esto permite entender mejor, en primer lugar, la ambiguedad aparente de las orientaciones de los nuevos sectores, que indujo tantas esperanzadas especulaciones acerca del surgimiento de una burguesía nacional: sus ímpetus reformistas han nacido y se han agotado, invariablemente, a nivel de sus intereses económicos inmediatos. Por eso resulta coherente, por ejemplo, que "el Estado que ayuda a 'mi' industria, no tenga nada que ver con el más abstracto Estado que, legislando y actuando, participa en la vida económica y deviene el eterno símbolo de la anti–empresa. O que un industrial sea proteccionnista respecto a los productos que fabrica pero partidario del libre cambio en relación a los insumos que esa producción requiere".

Estos conceptos válidos incluso en la actualidad, merecen una explicación. Que no puede ser otra sino la que se fue describiendo a lo largo de todo el apartado donde se delinearon los avatares del proceso industrial.

El empresario industrial argentino al que desde siempre se le endilga que subsiste gracias a las divisas que "el campo produce", que su empresa es ineficiente, que tiene innúmeras trabas para montar su establecimiento, y dificultades enormes para obtener financiamiento y posibilidades de importación de los insumos requeridos o de los bienes de capital imprescindibles. mientras que, por el contrario, observa el trato preferencial recibido por el capitalista extranjero; es natural o lógico que tenga una actitud extremadamente individualista. Y lo único que le importa es que su empresa sea la que pueda subsistir.

Esta actitud individualista llega al extremo de que al empresario argentino no le interesa invertir en la industria. Especialmente después de las experiencias sufridas en los últimos veinte años, pero preponderantemente a partir de la última dictadura militar, donde era mucho más provechoso convertirse en importador de producciones similares a las que realizaba, o bien, y esto es lo fundamental, dedicarse lisa y llanamente a la especulación financiera.

Y ya que hablamos de la especulación financiera debemos mencionar que éste es el gran mal que aqueja desde hace varias décadas la economía argentina. Y en ella participan todos los sectores de la burguesía argentina y del capital extranjero. Y así sucede que la inversión productiva desde 1970 se encuentra en una declinación a la que no se le vislumbra perspectiva.

Corroborando lo señalado precedentemente, Aldo Ferrer en su libro **La Posguerra** (El Cid Editor, Buenos Aires, 1982), nos indica: "Más grave que esta dependencia real fue la subsistencia de la dependencia ideológica de los viejos dirigentes, de sus nuevos socios ligados al sector financiero y de un poder burocrático cada vez más alejado de las demandas y aspiraciones de la sociedad argentina. El nuestro es el único, entre los países importantes de la América Latina en que la ideología preindustrial conserva una virulencia extrema. En Brasil o México, por ejemplo, a nadie se le ocurre hoy en día suponer que el desarrollo puede volver a asentarse exclusivamente en las actividades tradicionales de exportación primaria. En la Argentina sí." ... "Este país que, según el monetarismo, no puede tener una economía industrial, soportó el más extraordinario proceso de desindustrilización y achicamiento observado en el mundo contemporáneo."

Las organizaciones empresariales poco hicieron para evitar el desastre. Y a las pequeñas y medianas empresas deliberadamente se las trató de liquidar pues de "ese modo se liquidaba bases de acción subversiva", al decir de Martínez de Hoz.

III

LA POLITICA DE NACIONALIZACIONES

Al finalizar la Segunda Guerra Mundial (1945) la Argentina se encontraba en una situación particularmente favorable. Ello era así debido a que el comercio exterior durante el período bélico fue ampliamente positivo para nuestro país. De modo tal que las reservas en oro y divisas extranjeras alcanzaron niveles desconocidos.

El advenimiento del gobierno peronista provocará una serie de cambios de significativa importancia en la economía argentina. Entre ellos, el que es objeto de nuestro análisis, procedió a la nacionalización de importantes empresas de servicios públicos que las incorporó bajo el control o la administración estatatal.

En el cuadro que presentamos (Ver Cuadro No. 10) se encontrará un detalle de los servicios y empresas nacionalizadas.

Como puede apreciarse hemos dejado de lado la nacionalización de los ferrocarriles, de las que nos ocuparemos posteriormente.

En 1944, luego de que la Argentina declarara la guerra a Alemania, se procedió a poner bajo control gubernamental al conjunto de empresas pertenecientes a dicho país. Posteriormente el gobierno constituyó la DINIE (Dirección Nacional de Industrias del Estado) que fue la encargada de dirigir y administrar las 40 fábricas nacionalizadas y cuyo patrimonio era estimado en unos 140 millones de dólares.

Las empresas que pasaron al Estado y las que entraron en la órbita de la DINIE constituyeron un núcleo de importancia y si se le agregan otros emprendimientos anteriores, nos brindarán un panorama de cómo el grupo de empresas del Estado adquiría una singular importancia en el proceso económico nacional. Recordemos brevemente que en 1941 se crea la Dirección General de Fabricaciones Militares que da nacimiento a la fabricación de armas, productos petroquímicos, productos químicos, tubos de bronce y cobre, y fundamentalmente pondría la piedra basal de la industria siderúrgica. Por su parte la Marina crea AFNE (Astilleros y Fábricas Navales del Estado).

Resulta evidente que esta política de expandir el papel del Estado en la economía corresponde a un plan de mayor alcance (con la creación del IAPI) Instituto Argentino para la Promoción del Intercambio, que en la práctica nacionalizaba el comercio exterior) que escapa al tema de nuestro análisis. Limitémonos a señalar que la creación de empresas estatales, frenaban parcialmente el marco de los inversores extranjeros al vedarles el acceso a determinados sectores que resultaban estratégicos para el desarrollo del país.

El Convenio Andes

El acuerdo Roca-Runciman tenía una vigencia de tres años y debía finalizar en el año 1936. Sin embargo, fue prorrogado cuatro veces, hasta el año 1944. En ese entonces, a pesar de que era la última postergación, sus cláusulas continuaron vigentes de hecho, hasta el año 1947.

El gobierno peronista comisiona a Miguel Miranda para llegar a un nuevo acuerdo y de las negociaciones entre Miranda y sir Eddy, surgiría el denominado Pacto Andes, que fue protocolizado en dicho año y cuyo punto clave giraba en torno a la nacionalización de los ferrocarriles británicos en la Argentina, y de los tranvías del Anglo Argentino.

Conviene señalar que, previamente se había signado, el 17 de setiembre de 1946, el Pacto Eddy-Bramuglia, que sería el preanuncio de lo que se realizaría más tarde.

Como Inglaterra había salido quebrantada del conflicto bélico, su moneda, la libra esterlina, era motivo de manipulaciones y el amplio saldo favorable que tenía nuestro país quedó prácticamente bloqueado. Mediante el convenio se estipulaba que: 1) El saldo al contado de las libras acumuladas en las cuentas especiales argentinas se establecerá a la fecha de este convenio. 2) La Argentina podrá disponer de parte de dicho saldo: a) para repatriar deuda pública en libras, sea ésta nacional, provincial y/o municipal; b) para transferir al Brasil, sujeto al consentimiento de dicho país, un importe de hasta 10 millones de libras, y c) (y éste es de suma importancia) para rescatar inversiones de capital británico en la Argentina.

Es evidente el interés que los británicos tenían de vender gran parte de sus inversiones en la Argentina, especialmente los ferrocarriles; cosa que por otra parte venían realizando en otros países. Pero, como de costumbre, procuraban obtener las mejores condiciones y el mejor precio por un material que ya, en aquel entonces, podía considerarse obsoleto.

"Al Reino Unido le interesaba fijar el criterio de que las libras serían inconvertibles y que sólo podrían ser usados los excedentes de nuestro intercambio para adquirir productos ingleses, repatriar deudas o recuperar bienes de propiedad de los capitales ingleses. El gobierno argentino pretendía con razón, usar los capitales no garantizados, pues en esa forma, reivindicaba su derecho a disponer de ellos libremente; al ceder en su política aceptó el criterio de la inconvertibilidad (de la libra) y entró de lleno en el área de la libra esterlina que era el deseo de Inglaterra. Esta situación, al parecer nimia, aunque por la recuperación de los ferrocarriles pareciera que salíamos de un atolladero, vinculó nuestro futuro a una política imperialista. Frente a una balanza comercial desfavorable y frente a una inmensa masa de divisas congeladas, el Imperio largaba lastre, aunque no perdía la sangre fría para mantener intangibles los lazos vinculadores."[19]

En declaraciones efectuadas el 16 de febrero de 1948, por el Ministro sir Stafford Cripps, en la Cámara de los Comunes, al dar explicaciones sobre el Convenio Andes decía: "El acuerdo establece el pronto pago por el gobierno argentino del precio de compra de los ferrocarriles de propiedad británica en 150 millones de libras esterlinas. Para facilitar esta operación, el Reino Unido hará un previo pago por los alimentos adquiridos en su programa de compras. En cuanto a las exportaciones del Reino Unido a la Argentina, el gobierno de Su Majestad, ha convenido en facilitar el suministro durante 1948 de ciertos productos esenciales, inclusive un millón de toneladas de carbón y alrededor de dos millones de toneladas de productos de petróleo. El gobierno argentino ha convenido en dar el trato de nación más favorecida a las importaciones de productos británicos."[20]

(Más adelante agregaba: "El convenio anglo–argentino ofrecía amplias ventajas y creo que son bien sustanciales para este país. Nos permite terminar el negocio de los ferrocarriles, que es una verdadera ventaja para nosotros; nos permite llevar a efecto nuestro programa de alimentación y hemos abierto con ese convenio, en mayor grado, los mercados de Argentina a tipos de exportación que estaban vedados para nosotros, y por primera vez, basamos tan importantísimas transacciones con la Argentina, en libras esterlinas.

Recordemos también que el 1 de nero de 1947 vencía lo fundamental de la Ley Mitre que era la franquicia para las empresas ferroviarias británicas de importar libre de derechos aduaneros todos los artículos que empleaban a los fines de la construcción y explotación de los ferrocarriles. Al terminarse la parte más lucrativa del negocio ferrocarrilero, era posible comprarlo a su valor real, pero no se hizo así y como dijera Miguel Miranda: "se pagó demás por razones sentimentales", un despilfarro de dinero del Estado o sea de toda la comunidad.

Entre los años 1946 y 1949, se procedió al rescate de la casi totalidad de empréstitos extranjeros vigentes que, de acuerdo con la clase de moneda y emisión eran de 38,4 millones de libras esterlinas, 154,1 millones de dólares y 72,8 millones de francos suizos. Un sólo empréstito no pudo ser rescatado sino hasta 1952 debido a sus cláusulas contractuales su monto alcanzaba a 9,2 millones de libras.

Argentina se convirtió en país acreedor durante un breve período después de la terminación de la guerra, debido en parte a que las naciones que mantenían un intercambio comercial de significación soportaban una difícil situación en sus balanzas de pagos.

Entre los años 1946 y 1950 el gobierno argentino concedió créditos, de corto y mediano plazo a Italia, España, Bélgica y Finlandia por un monto total de 210 millones de dólares. A ello habría que adicionarle los créditos otorgados a países del continente latinoamericano.

Como resultado de la política de nacionalizaciones efectuadas por el gobierno argentino se produce una disminución en el stock de capital extranjero existente en el país, tal como podrá observarse en el Cuadro 11.

En 1943 el total general de inversiones externas acumuladas en nuestro país llegaban a los 4.260 millones de dólares, a precios de 1950; en 1949 el monto general disminuye llegando sólo a 1.740 millones de dólares.

En el Cuadro 12 tendremos una comparación entre el capital extranjero, el capital nacional y el capital fijo total en el amplio lapso que va entre 1900 y 1957.

Como puede apreciarse, en el primer período que va desde 1900 a 1913, las inversiones netas de capitales extranjeros, a valores de 1950, crecen en 6.210 millones de dólares, alcanzando su nivel máximo con 8.230 millones, lo que representaba el 47,7 por ciento del capital fijo total. El período de la Primera Guerra Mundial y posteriormente en el de la "gran depresión" van haciendo disminuir la participación.

El capital externo continúa disminuyendo, lenta pero sistemáticamente, hasta que llega a un mínimo en 1955 del 5,1 por ciento sobre el capital fijo total. Así pues "la Argentina como campo de inversión, no se sustrae al debilitamiento de la corriente de capitales internacionales que se registra desde los comienzos de la gran depresión y hasta fines de la Segunda Guerra Mundial. Pero en la disminución del capital extranjero influye también la propia actitud del país. La gran depresión origina por primera vez en su vida económica, un fenómeno de escasez de divisas –principalmente de dólares– que habría de caracterizar a todo el período con pasajeras fases de relativa abundancia. Surge entonces la preocupación de reducir la masa de capital extranjero, para aliviar al balance de pagos de la carga de servicios financieros".[21]

Como podrá observarse en el Cuadro 13 que registra los movimientos de capital y de pagos exteriores entre 1900–1955 (en promedios anuales) en muchos de los años analizados las remesas de intereses y utilidades superan ampliamente los ingresos de capitales a largo plazo.

La considerable disminución de la tasa de capital extranjero debido a la política de nacionalizaciones, ha aliviado notablemente, a fines del período, el pago de servicios financieros al exterior.

En ciertos años, las salidas por remesas de capital representaron más del 6 por ciento del ingreso nacional.

"Las tenencias de capital británico en la Argentina siguieron siendo importantes hasta fines de la Segunda Guerra Mundial. Estas tenencias, combinadas con las de otras naciones generaron una importante corriente de intereses, beneficios y amortizaciones. En realidad para la Argentina la corriente de servicios financieros hacia el exterior era mucho mayor que la de capital recibido desde el exterior. Es posible que las empresas extranjeras hayan contribuido en diversas formas al desarrollo de la Argentina pero, por cierto, no contribuyeron con un solo centavo de capital durante la primera mitad del siglo XX".[22]

Las inversiones extranjeras 1949–1955

En los Cuadros 14 y 15 se podrá visualizar la distribución de los capitales extranjeros existentes entre 1949 y 1955, las cifras aportadas son en pesos y en porcentajes.

En primer lugar corresponde señalar que en 1949 el monto total de la inversión externa alcanza a los 7.486 millones de pesos para pasar en 1955 a los 17.590 lo que implica un incremento francamente considerable.

Si tomamos como punto de referencia los sectores que más han captado inversiones, podremos observar que en primer término lo hace la industria de la transformación que absorbe el 29,4 por ciento en 1949 y el 30,7 en 1955. Las empresas de servicios públicos en 1949 recibían un 20 por ciento, mientras que en 1955 disminuye ese porcentaje hasta llegar al 13,1 por ciento. El comercio recibe el 9,5 en 1949 y el 13,1 por ciento en 1955.

Las otras inversiones que en 1949 alcanzan al 21,7 y en 1955 al 25,3 por ciento respectivamente, se distribuyen en valores públicos, depósitos (que es la más importante), inmuebles, hipotecas, etcétera.

En lo concerniente a lo invertido en la producción de bienes, su monto total alcanza 2.692,4 millones de pesos en 1949 y pasa en 1955 a los 6.343,4 millones.

La distribución sectorial de dichas inversiones es como sigue: el mayor porcentaje (36,9 por ciento en 1949 y 34,3 por ciento en 1955) se destina a la industria productora de bienes de consumo, donde la principal es la industria alimenticia y de bebidas, aunque en 1955 adquirirá una importancia relativamente intensa la producción de productos medicinales y afines. El segundo sector en importancia (30,7 por ciento en 1949 y 33,8 por ciento en 1955) es requerido por los bienes de inversión y los productos químicos industriales.

La producción agropecuaria con sus industrias afines recibe el 16,3 por ciento en 1949 y un 12,8 por ciento en 1955.

La industria petrolera y la minería mantienen en términos porcentuales prácticamente los mismos guarismos en el período analizado. Sin embargo, se debe destacar que en 1955 las inversiones en la rama petrolera casi duplican a las efectuadas en 1949, lo que evidenciaría el creciente interés de los inversionistas extranjeros en dicho rubro.

IV

EL CAPITAL INTERNACIONAL EN LA POSGUERRA

Hacia fines del siglo pasado, la intensidad con que se verificaban los procesos de acumulación en las naciones más avanzadas se expresa –entre otras formas– en el alto grado de centralización del capital.

En ese marco, la existencia de excedentes relativos, cuyas necesidades de valorización superaban la estrechez de las fronteras políticas entre los países, se tradujo en un proceso creciente de internacionalización del capital. Las necesidades de la reproducción ampliada se expresarían entonces en la configuración de un escenario caracterizado por la tendencia a la profundización de la división internacional del trabajo, entre naciones productoras de manufacturas, por un lado, y las abastecedoras de materias primas y alimentos por el otro.

Este esquema se complementaba con la movilización de capitales hacia el exterior, a través de empréstitos y principalmente de inversiones directas y tenía por destino fundamental el control y puesta en producción de las fuentes de materias primas, para lo cual se realizaron importantes esfuerzos en el desarrollo de la infraestructura de comercialización en los países atrasados. Este flujo de capitales desde las metrópolis se detendría más tarde con la crisis de 1930, recuperándose recién en los años que siguieron a la finalización de la Segunda Guerra Mundial.

Desde entonces, podemos identificar un nuevo ciclo de exportación de capitales por parte de los países capitalistas avanzados.

La reorganización de la economía internacional

Las modalidades asumidas por esta nueva etapa, se asocian íntimamente con la preeminencia de la economía norteamericana en el conjunto de las naciones capitalistas.

Según Celso Furtado, en su libro *La concentración del poder económico en los Estados Unidos y sus reflejos en América Latina*" (CEDAL, Buenos Aires, 1969) tenemos que tres órdenes de factores se combinaron, posibilitando esta hegemonía: 1) el extraordinario proceso de acumulación que desde fines de siglo pasado vivía la economía estadounidense que le permitía aventajar a las poderosas potencias europeas, cuyos aparatos productivos habían sido seriamente dañados por el conflicto bélico.

Asimismo, el control ejercido por sus empresas sobre las fuentes de materias primas en el exterior le otorgaba inmejorables condiciones para el despliegue de sus fuerzas productivas.

En los años de la posguerra, Estados Unidos era el único país con oferta elástica y capacidad para financiar más allá del corto plazo la demanda proveniente del resto de los países capitalistas.

Esta particular situación lo convertiría en el principal abastecedor internacional de bienes de capital y, por consiguiente, en vanguardia tecnológica a escala universal.

El segundo factor es de carácter financiero. La estructuración de un nuevo orden monetario internacional, establecido mediante los acuerdos de Bretton Woods que conllevaron la creación del Fondo Monetario Internacional y del Banco Mundial, posibilitó o mejor dicho, impuso, la consagración del dólar como instrumento universal de pagos, y consecuentemente, de acumulación de liquidez.

La posibilidad de emitir moneda de curso internacional por parte de Estados Unidos, le otorgó una capacidad de operación que se traducía en el fortalecimiento de su posición a escala universal.

Cabe agregar a ambos factores, señalados precedentemente, la existencia de otro de naturaleza política cual es la tutela militar ejercida por Estados Unidos en el marco de lo que se denominaría "la guerra fría".

A modo de ilustración de la nueva situación de la economía internacional basta con citar unas pocas cifras, tales como que en 1944, con solo el 6 por ciento de la población del planeta, Estados Unidos controlaba el 50 por ciento del producto bruto mundial.

Dos años más tarde, su producción de acero equivalía al 54 por ciento de la producción total mundial, en tanto la de automóviles superaba al 80 por ciento de la fabricación internacional. Para mayores datos al respecto ver: Enrique Ruiz García: *La era Carter, las transnacionales, fase superior del imperialismo*, Alianza Editorial, Madrid, 1978.

El Cuadro 16 permite apreciar la evolución del peso relativo de las exportaciones manufactureras de Estados Unidos, Alemania y el Reino Unido a lo largo del presente siglo y hasta la década del '70.

Estados Unidos, la concentración del poder económico y la transnacionalización del capital.

La expansión de la economía norteamericana se fue realizando en medio de un proceso de profundización de las tendencias concentradoras que, como se mencionara, venían evidenciándose desde el siglo pasado. El rasgo distintivo de este nuevo impulso concentrador radica, sin embargo, en el hecho de tener por base, no tanto el aprovechamiento de las economías de escala, sino a la multiplicación del número de fábricas y empresas por firma.

La fusión de capitales que pasaron a controlar múltiples actividades no relacionadas entre sí caracterizó este proceso, y su lógica se asocia al objetivo de reducir el coeficiente de riesgo por medio de la expansión económica diversificada. A medida que el proceso de acumulación avanza en el interior de una determinada rama, y una vez que su dinamismo comienza a declinar, la estrategia consistiría en absorber otras firmas con operaciones en diversos mercados.

Este proceso se aprecia con claridad en el Cuadro 17.

Esta estrategia de diversificación funcional se vio a su vez acompañada por la expansión geográfica de las empresas norteamericanas.

La tendencia a la concentración es inherente al sistema económico y lo que se realizaba en el período señalado no sería sino un anticipo de una estrategia generalizada en décadas posteriores.

La exaltación del proceso de concentración en la industria en los años '80 se realiza por varios factores: la feroz competencia por dominar las nuevas tecnologías y para intentar frenar la amenaza de la producción japonesa que invade los mercados norteamericanos.

La concentración se realiza en todas las áreas de la actividad económica. En Estados Unidos en 1985, el número de fusiones fue tres veces mayor que en 1980. La cantidad de dinero empleada por las corporaciones para comprar otras empresas fue, también en 1985, cuatro veces superior a la utilizada en 1980.

Esta política de concentración a ritmo acelerado se realiza con mayor intensidad en todos los países desarrollados y tiene su poderosa influencia, como es lógico, en los países subdesarrollados donde las subsidiarias de las empresas transnacionales reciben, como un reflejo condicionado, las actitudes y procederes de las casas matrices.

Las necesidades de obtención de nuevos y acrecentados beneficios, ha llevado a las empresas norteamericanas a pasar por sobre las fronteras nacionales e instalarse en nuevos escenarios geográficos.

Hacia 1950, la pérdida relativa de dinamismo de la economía norteamericana incentivó el proceso de expansión a escala mundial del capital de dicho origen que encontró en el exterior oportunidades altamente lucrativas.

La reconstrucción de las economías europeas, luego de los graves daños ocasionados por la Segunda Guerra Mundial, creó espacios adicionales para la valorización del capital, que fueron ampliamente aprovechados por las empresas norteamericanas. El Plan Marshall, por ejemplo, facilitó el proceso de penetración, de "asociación forzosa" de firmas europeas con las empresas norteamericanas que irrumpían así en terrenos que anteriormente les estaban vedados.

La coyuntura por la que atravesaba la economía en los países latinoamericanos iba a favorecer, también en esta región, la instalación y el avance de las corporaciones norteamericanas, sobre todo, en aquellos países de mayor mercado.

En síntesis, la posguerra encontraría a Estados Unidos en una clara situación de liderazgo económico y a la cabeza del movimiento internacional de capitales. La coincidencia entre el tipo de negocios que ofrecían Europa y América Latina con la forma productiva del excedente de capitales en Estados Unidos constituye un factor adicional en el que se basó el mencionado proceso.

A partir de la década del '60 las corporaciones norteamericanas primero, sus similares europeas después, y luego las del Japón se fueron sumando a este importante movimiento de capitales.

Evolución de las inversiones norteamericanas en el exterior y su gravitación en la economía de Estados Unidos

El crecimiento de la presencia inversora norteamericana en el exterior se expone en el Cuadro 18.

La intensidad de las inversiones de capitales se vio ampliamente correspondida por las utilidades que generaban.

En el libro *América Latina y El Caribe, Balance de Pagos 1950–1984* de la serie Cuadernos Estadísticos de la CEPAL, editado en Santiago de Chile, 1986, nos encontramos que las inversiones directas totales en 19 países de América Latina entre los años 1950 e incluido 1969 alcanzan un importe total de 10.672 millones de dólares; mientras que las utilidades remitidas en el mismo lapso alcanzaban a los 22.383 millones (ambas cifras en dólares corrientes). Naturalmente que estos guarismos no incluyen las utilidades reinvertidas que han permitido gran parte de la expansión de las inversiones existentes.

La misma fuente utilizada nos brinda datos más contemporáneos (siempre en dólares corrientes); la inversión directa entre 1970 y 1983 inclusive, alcanza un nivel relativamente elevado, 43.918 millones de dólares, mientras que las utilidades remesadas por los 19 países receptores de la inversión llegan a los 42.491 millones.

En esta etapa, el problema del endeudamiento externo de América Latina hace explosión y la región, agotada, no puede remitir las utilidades generadas. Y se torna necesario incrementar la deuda externa para atender los compromisos. La situación se transforma entonces, en un círculo vicioso en que hay que endeudarse cada vez más para pagar las utilidades y los intereses del capital extranjero.

Es que las inversiones externas no vienen a obtener una rentabilidad lógica que nadie cuestionaría sino que procuran la obtención del máximo beneficio posible. Y no les preocupa los desequilibrios que ello ocasiona en la balanza de pagos ni en la economía y finanzas de los países de la región.

El gran crecimiento del capital extranjero en América Latina, frente al escaso crecimiento de las exportaciones y, especialmente de los saldos favorables en la balanza comercial, señala graves desequilibrios en las cuentas externas. Frente a esta situación "el financiamiento externo puede cubrir parte de esos desequilibrios, pero no resuelve el problema ya que el crecimiento de la deuda externa, así como el crecimiento de la inversión extranjera directa anticipa grandes crecimientos de la salida de capital por amortizaciones y depreciaciones, así como también grandes salidas de capital por renta, utilidades e intereses".[23]

Merece una atención particular el análisis del peso creciente de las operaciones de las transnacionales para la economía de Estados Unidos. A tales efectos nos limitaremos a considerar la evolución de dos indicadores: el volumen del gasto en instalaciones y equipos de las empresas norteamericanas en Estados Unidos y el exterior y la incidencia de estas empresas en el nivel de exportaicones de dicha nación.

En el primero de tales indicadores encontramos que, según la información disponible para 1960, los gastos en el exterior equivalían ya al 15,5 por ciento de los gastos efectuados en la economía norteamericana. En 1963, dicha proporción era igual al 25 por ciento.[24]

La importancia de este tipo de operaciones se evidencia asimismo al comparar el crecimiento de las inversiones en empresas manufactureras en el exterior, con el incremento en la capacidad productiva del mismo sector en la economía doméstica. Tomando por base el año 1950=100, observamos que una década más tarde el índice de las inversiones en el sector de manufacturas en el exterior era igual a 345, mientras que el de la capacidad productiva interna era tan sólo 161.

Como resultado de esta asignación de los recursos productivos, en el sentido de una creciente internacionalización del capital, la proporción de los beneficios de las filiales en el exterior con relación al total obtenido por las empresas norteamericanas también aumentó, pasando del 10 por ciento en 1950 al 22 por ciento en 1963.

Pero quizá para brindar una idea más acabada sobre

la relevancia que las operaciones de las filiales posee para la economía estadounidense sea necesario analizar la presencia de las mismas en el comercio exterior ya que resulta notoria su incidencia en el nivel de exportaciones de los EE.UU. Las filiales instaladas en el exterior son fuertes demandantes de insumos y equipos provenientes de los Estados Unidos, en muchos casos de la misma casa matriz o de firmas afiliadas o subsidiarias de la central.

Otra de las formas por las que las filiales afectan al total de ventas desde Estados Unidos es por la inducción que ejercen sobre las empresas locales con las que transan en mercado, en el sentido de adaptar su producción a los requerimientos de la filial extranjera, lo que genera un mayor coeficiente de importaciones para el cumplimiento de los requisitos establecidos.

Puede afirmarse entonces, que la dependencia de las exportaciones estadounidenses respecto de las actividades subsidiarias en el exterior es creciente. En 1963, por ejemplo, la participación de las mismas en la adquisición de productos de exportación desde Estados Unidos superó al 35 por ciento de las exportaciones de dicha procedencia.

La coincidencia entre las necesidades de expansión del capital norteamericano en la posguerra y el surgimiento de nuevos espacios para su revalorización en el exterior, constituyeron la base de los fenómenos que se presentaron en la nueva etapa de exportación de capitales.

Dada la hegemonía del capitalismo estadounidense en la situación emergente de la posguerra, fueron las empresas de este origen las que lideraron este proceso de expansión.

En forma creciente, las inversiones directas predominaron sobre las de cartera y los sectores manufacturero y del petróleo concentraron la mayor parte de los recursos dirigidos desde el exterior.

El resultado de este proceso fue la configuración de un nuevo escenario internacional en el cual las empresas transnacionales —de origen norteamericano— iban asumiendo un papel protagónico cada vez mayor, acompañadas de las transnacionales de los principales países capitalistas desarrollados. Posteriormente conformarían el proceso de transnacionalización del capital que irrumpiría con notable empuje a partir de la década del '70 y donde el capital financiero jugaría un trascendente papel.

Las inversiones de Estados Unidos en Latinoamérica

El flujo de inversiones directas norteamericanas, con el correr de los tiempos y debido a los profundos cambios ocurridos en la economía internacional, ha ido modificando su orientación, dirigiéndose preferentemente hacia los países desarrollados.

En un reciente estudio preparado por el SELA (Sistema Económico Latinoamericano) titulado "La política de Estados Unidos ante la inversión extranjera y sus implicaciones para América Latina", se brinda en el Cuadro 19.

Tal como puede apreciarse de los datos transcriptos precedentemente, América Latina que en 1950 ocupaba un lugar preferente para las inversiones norteamericanas, ha ido declinando su posición relativa y a partir de la década del '70 su participación en el total mundial, ronda en un trece por ciento aproximado. La concentración de la inversión norteamericana en los países desarrollados es altamente significativa llegando en los últimos años a representar las tres cuartas partes del total.

Naturalmente que el mayor atractivo ejercido por los países desarrollados no ha impedido que las empresas de Estados Unidos instaladas en Latinoamérica se expandieran y acrecentaran su protagonismo en las economías de la región.

La economía latinoamericana en la posguerra

En los años que prosiguieron a la Segunda Guerra Mundial, el proceso de industrialización de los principales países latinoamericanos continuó avanzando. El reemplazo de las líneas de productos importados de fácil sustitución por producción local aún no se había completado y existían, por otra parte, importantes reservas de divisas heredadas del período bélico que oxigenaron el crecimiento de estas economías.

Esta situación se vería alterada a comienzos de la década del '50 cuando los precios internacionales de los bienes primarios iniciaron un proceso sostenido de franco deterioro. La capacidad de importar las mercancías necesarias para el crecimiento de la producción industrial se vio seriamente afectada lo que junto a la complejidad creciente que significaban nuevas reducciones a las necesidades de importación puso un límite objetivo al desenvolvimiento de la economía.

Este límite se manifestaba, entre otras cosas, en la recurrencia de las crisis del sector exterior y en la aparición de tensiones inflacionarias.

Toda posibilidad de avanzar a largo plazo en la senda del crecimiento planteaba la necesidad de reformular las estrategias de desarrollo y el patrón de acumulación vigente.

En medio de esta situación, vuelve a ganar espacio en el seno de las clases dominantes de los países latinoamericanos la idea de que sin la complementación con el capital extranjero el desarrollo económico seguiría frenado.

Se alegaba entonces que, el ingreso de recursos del exterior ayudaría a levantar las restricciones que imponía el sector externo, tanto por su aporte en divisas, como por la contribución al incremento de las exportaciones no tradicionales que efectuarían las firmas que se instalaran en la región.

Estas ideas encontraron respaldo en los enfoques de la CEPAL, así como en mayor medida en los del Fondo Monetario Internacional.

Si bien diferenciados en la matriz explicativa de los problemas del desarrollo, ambos organismos enfatizaron la necesidad de apelar al aporte de capitales externos para superar las trabas que obstaculizaban la expansión de la economía de los países latinoamericanos.

En el caso de la CEPAL se conceptualizaba a los recursos externos más como **flujos de complementación del ahorro interno** que como acumulación de capital, privilegiándose los ingresos de préstamos gubernamentales de bajo costo relativo, por sobre las inversiones de "capital de riesgo". En esta concepción no se planteaba el problema del control de la propiedad ni del destino del capital, más que a través de algunas consideraciones de carácter muy general. Sin embargo, más que los conceptos de la CEPAL, fue la ortodoxia implantada por el Fondo Monetario Internacional la que imprimió su sello, explícito, de manera decisiva, en las políticas económicas adoptadas en América Latina, desde los primeros años de la década de los '60 y que siguen vigentes en la actualidad.

En el enfoque de este organismo, los problemas del balance de pagos y la inflación, eran explicados por excesos de demanda, originados fundamentalmente en el déficit fiscal y la expansión indebida del crédito interno; se recomendaba para combatirlos: políticas de desabsorción vía devaluación cambiaria, disminución de los gastos del gobierno (mediante la disminución de los gastos en personal, paralización de obras públicas no rentables, privatización de empresas estatales, etcétera) y drástica contención de la política de remuneraciones al sector de ingresos fijos.

Estas medidas debían acompañarse con restricciones a la política crediticia, facilitando y alentando el ingreso de capitales externos.

Para ello se propiciaba "la unificación del sistema de cambios, la total libertad en los mecanismos de pagos corrientes al exterior y la eliminación de todas aquellas restricciones que afectaban al sistema multilateral de comercio y a la circulación internacional de capitales. Todo lo cual estimularía el ingreso de ahorro externo y al proceso de crecimiento. El papel fundamental que desempeñaron los primeros programas de estabilización en aquellos países latinoamericanos donde se aplicaron (la Argentina ingresó al F.M.I. en enero de 1959 e inmediatamente aceptó el primer acuerdo stand–by mediante el cual se aplicaría el primer plan de estabilización, N.M.), fue abrir sus economías a la expansión e integración del capital transnacional, especialmente al de fuente norteamericana. La libre circulación de capitales, postulada en los planes de estabilización, levantaron las barreras al proceso de acumulación de las empresas transnacionales que, para esa época se encontraban en plena expansión a escala universal".[25]

El efecto de las políticas cuasiliberales

Al mismo tiempo que se adoptaban dichas medidas se mantenían las barreras arancelarias y no arancelarias de protección a la producción industrial realizada localmente, lo cual permitió a las transnacionales la explotación de mercados, cautivos con demandas por bienes cuyo abastecimiento había estado comprimido durante largo años.

La articulación de tales políticas persistió a lo largo de los años '60 como componente de la estrategia de desarrollo aplicada. En consecuencia, el peso de las transnacionales en América Latina creció y adquirió una gravitación particularmente relevante en los sectores más dinámicos y estratégicos de estas economías.

La composición por origen de los capitales invertidos marca la clara preeminencia del capital norteamericano, el que explica cerca del 60 por ciento de la inversión directa extranjera en América Latina hacia los años '70 (ver Cuadro 20).

Por tal razón, cuando nos referiremos al capital transnacional lo estaremos haciendo con particular énfasis en el de origen estadounidense.

Las inversiones de los EE.UU en la región pasaron de los 4,4 miles de millones de dólares acumulados en 1950 a 9,01 en 1967, 11,9 en 1973 y 30,1 miles de millones en 1983.

De manera muy esquemática puede plantearse la existencia de tres tipos de filiales de empresas transnacionales que se instalaron en Latinoamérica, según su principal incentivo:

a) aquellas que se dirigieron a controlar mercados internos protegidos segmentando dichos mercados y apuntando al consumo de las capas de ingresos más elevados, tal es el caso de los países más avanzados en términos relativos, como Argentina, Brasil y México. Con la ventaja adicional de que dichos mercados eran los de mayor dimensión de América Latina;

b) las que tuvieron por objeto el aprovechamiento de mano de obra abundante y barata para la producción de mercancías para el mercado externo, ello era referido a los países del Caribe;

c) las que explotaron las reservas de recursos naturales existentes en la región, los países del Caribe y las naciones andinas.

Como toda esquematización, la que aquí se plantea tiene falencias, pero pueden ser justificadas en razón de un análisis breve de las causales que impulsaron a las transnacionales a invertir en Latinoamérica. Existía y existe en la actualidad un objetivo común que guía todo tipo de inversión de capitales, éste es el de obtener la maximización de los beneficios con el mínimo de inversión y de riesgo.

La distribución sectorial de la inversión norteamericana entre 1950 y 1980 que se ofrece en el cuadro 21, centrada en el sector manufacturero y que es ampliada posteriormente en el cuadro 22, nos muestra además, que en el período analizado es el Brasil el país hacia donde se dirigen en mayores volúmenes las inversiones, seguido por México y bastante atrás por la Argentinaa.

Este predominio cada vez mayor de la inversión en sectores manufactureros destinados a satisfacer el mercado interno parece explicar la predilección de estos capitales por tres países de la región, Brasil, Argentina y México, quienes a fines de la década del 60 concentraban el 40 por ciento de la inversión directa de los EE.UU. en América Latina y más del 70 por ciento de la concentrada en el sector manufacturero de la región. A partir de la década del 70 comienza una fuerte inversión en el sector financiero que en el '80 superará a las inversiones efectuadas en petróleo o comercio y sobrepasan ampliamente las de minería.

Presencia en el sector manufacturero

Al examinar el interior del sector industrial, se comprueba que las ramas prioritadas por las empresas extranjeras, han sido en general, las más dinámicas de la economía.

La libertad otorgada a la circulación del capital extranjero y a la importación de tecnología, aunada a la inexistencia o desinterés aparente de las firmas locales con capacidad de competir con las empresas transnacionales, permitió a estas últimas un cómodo despliegue en los sectores más modernos pero que tenían un escaso desarrollo tecnológico local.

En consecuencia, la segunda fase del proceso de industrialización latinoamericana, estuvo basada en una estrategia de sustitución de importaciones de mayor complejidad que en la etapa anterior y se asoció directamente a la penetración de las transnacionales norteamericanas.

Se ha mencionado anteriormente, la existencia de un cierto desinterés por parte del capital nacional en expandir sus empresas y dotarlas de los conocimientos tecnológicos necesarios y ello es debido a que "la fragmentación de América Latina impide cualquier desarrollo industrial serio. Pero al imperialismo no le conviene que los actuales débiles países se conviertan en una poderosa federación y a las burguesías "nacionales", enteramente enfeudadas al capital imperialista, no les conviene suprimir las aduanas interiores y los controles de cambio a cuya sombra se enriquecen. El resultado es que América latina no tiene un gran industria siderúrgica, una gran industria de maquinarias, etcétera. Hay en cambio una raquítica industria siderúrgica en México, otra en Brasil, otra en Chile, y pronto habrá otra en la Argentina, y hay también plantas siderúrgicas de juguete en Venezuela y Colombia. Todas controladas por el capital internacional y todas condenadas al raquitismo y la ineficiencia, porque los mercados de cada país son demasiado pobres y pequeños para permitir la producción en gran escala, única que asegura costos bajos. La industria del acero en América Latina, produciendo para un sólo país, requiere para arrojar una toneladas de acero, inversiones siete veces mayores que en Estados Unidos. De tal modo, la industria siderúrgica desequilibra aún más las tambaleantes economías de los países latinoamericanos y los supedita cada vez más a la "ayuda" del capital extranjero que debe apuntalarlas continuamente, sosteniéndolas como la soga al ahorcado."[26]

Las clases dominantes y las empresas transnacionales no tenían interés en lograr un verdadero proceso industrializador que, seguramente, las hubiera llevado a contradicciones que no estaban dispuestas a experimentar.

El grado de control ejercido por las transnacionales norteamericanas sobre la mayor parte de estos sectores estratégicos se evidencia en la participación alcanzada en el valor de la producción de algunas líneas tales como la de productos químicos, en la que el 52 por ciento de dicho valor se originó en 1965 en filiales norteamericanas.

Estudios realizados en México comprueban a su vez que, en 1970, de las 290 empresas mayores, cerca de la mitad correspondía a capital transnacional, gravitación que crece en la producción de máquinas no eléctricas y eléctricas (87 por ciento), equipos de transporte (70 por ciento) y química (57 por ciento).[27]

"En Brasil, una observación de conjunto referente a los 276 grupos (más importantes), indica que más de la mitad de los capitales aplicados en la industria brasileña son controlados por grupos extranjeros y que ese control aumenta en la medida que se pasa de las industrias tradicionales de bienes de consumo corriente a las de bienes durables de consumo y bienes de capital, que son precisamente las que están en más rápida expansión."[28]

Como consecuencia de este avance, puede afirmarse que la década del '60 trajo aparejado para América Latina un proceso de desarrollo "deformado" de su economía, el que se comprueba por el dispar crecimiento verificado en las ventas de las firmas extranjeras y la producción industrial de los países receptores.

El cociente entre la tasa de crecimiento de las ventas transnacionales y la de la producción total de la industria durante el período 1957-1965 fue de 5.8 para la Argentina, de 1,5 para México, 1,3 para Venezuela y 0.9 para Brasil.

Otro de los rasgos que permite caracterizar a este proceso "deformado" del desarrollo de la producción interna latinoamericana, es su aspecto concentrado.

Nos referimos en tal sentido no sólo a la mayor presencia oligopólica que dicho proceso trajo consigo y sus implicaciones en la concentración de la riqueza.

El destino principal de la oferta transnacional fueron los grupos de mayores ingresos relativos de la población (bienes de consumo duraderos. electrodomésticos, etcétera) con lo cual los sectores de escasos ingresos se vieron parcialmente marginados. Si bien es cierto que la implantación de las empresas transnacionales significaron una cierta movilización de la economía y se instalaron industrias nuevas y se generó una captación de nuevos medios de trabajo, no cabe duda que ello no respondió a las expectativas creadas.

El crecimiento del sector financiero

Corresponde nsistir en destacar el crecimiento de la inversión directa norteamericana a partir de la década del '70 en el sector financiero lo que llevaría a analizar una serie de problemas que escaparían a la naturaleza de este trabajo. Digamos que "el cambio fundamental que se observa en la estructura empresarial, fruto de la tendencia a la internacionalización de los sistemas financieros nacionales (cuya máxima expresión es el aumento inusitado de la deuda externa y en menor medida la presencia creciente de las instalaciones bancarias extranjeras) fue la **incidencia decisiva de los mecanismos de financiamiento en la constitución de los grupos económicos, lo que significa reconocer el papel estratégico que el dominio sobre el sector financiero, o la articulación con él, tuvo en las pautas oligopólicas y de control en el funcionamiento de los restantes sectores económicos. En algunos países**

de Latinoamérica, la combinación o fusión bancario-industrial-comercial, representativa de una centralización o conglomeración del capital financiero en un sentido amplio, fue el origen de la formación y desarrollo de grandes bloques empresariales".[29] (destacado en negrita es nuestro). Fenómeno que se ha dado en la Argentina también y que se estudiará en detalle en los próximos capítules de este trabajo.

A comienzos de la década del '70, en la mayoría de los países latinoamericanos existía una gran preocupación por la presencia de las empresas transnacionales y sus subsidiarias locales.

Ellas se habían expandido a un ritmo acelerado, estableciendo numerosas filiales o asociadas; controlaban los sectores más dinámicos de la industria, de la comercialización y se introducían fuertemente en el sector financiero.

Las empresas transnacionales realizaban gran parte de su comercio exterior, entre firmas de un mismo conjunto lo que les permitía un manejo discrecional de los precios obteniendo ganancias importantes con las sobre y subfacturaciones (los denominados precios "intrafirma"). Obtenían además elevadas utilidades y regalías, lo que incidía negativamente en la balanza de pagos de los respectivos países.

Las empresas transnacionales influían sobre los patrones de consumo, sobre la publicidad y sobre el estilo de desarrollo de los países y coadyuvaban a la concentración oligopólica. Finalmente la presencia de las empresas transnacionales facilitó el creciente endeudamiento externo de la región.

En la actualidad los problemas enumerados subsisten y se han agravado. El endeudamiento externo genera una nueva forma de dependencia ya que se ha transformado en el escollo principal para superar la crisis debido a la ingerencia de las empresas transnacionales y de su "auditor" el Fondo Monetario Internacional en la búsqueda de soluciones que hagan posible un relanzamiento del desarrollo económico en los países de América Latina.

V

LA ECONOMIA ARGENTINA DE POSGUERRA

Como ya se ha mencionado los años que sobrevinieron a la Segunda Guerra Mundial encontraron a la economía argentina con un importante nivel de resevas internacionales y con una posición acreedora frente a los países europeos.

Esta particular situación permitió impulsar un proceso de industrialización vía incremento del mercado interno y de la promoción al capital nacional. En este esquema se reservaba un importante papel como productor de bienes y servicios al Estado, ya que se procedió a la nacionalización de empresas de capital extranjero, en particular de servicios públicos (ferrocarriles, gas, electricidad, etcétera), lo cual sumado al conjunto de empresas de origen alemán expropiadas al finalizar la guerra, colocó bajo la órbita estatal a un importante segmento de la producción de bienes y servicios de la economía.

En ese período el flujo de inversiones extranjeras hacia el país no se detuvo mientras que el stock de inversiones directas disminuyó, al igual que el drenaje de divisas hacia el exterior en concepto de utilidades e intereses..

A pesar de estas alteraciones en el funcionamiento de la economía, la misma conservó un importante grado de dependencia respecto al comportamiento de las cuentas externas. Esto se verificó años más tarde cuando ante la evolución negativa del comercio exterior, y en ausencia de las reservas heredadas de la posguerra (que se habían utilizado parcialmente en las nacionalizaciones), la economía argentina se vio enfrentada a nuevos dilemas.

En uno de sus trabajos Oscar Braun caracterizó a la economía argentina con los siguientes rasgos, un volumen fijo de producción agropecuaria, exportaciones compuestas casi totalmente por productos primarios,una demanda de productos agropecuarios sensible a los cambios en el ingreso y su distribución y una demanda de importaciones que no depende de los precios relativos pero si de las variaciones en el volumen de producción industrial. En una economía con tales características, las crisis del balance de pagos, encuentran su base en la estructura misma del modelo. Esto sería así por cuanto la fase ascendente del ciclo económico se ve acompañada por el incremento de las importaciones que trae consigo el aumento de la producción industrial y por la disminución de las exportaciones que, como consecuencia del aumento del consumo interno de bienes agropecuarios, sobreviene al crecimiento del ingreso. Si a ello adicionamos los efectos del deterioro de los términos del intercambio, se comprende la existencia de límites objetivos al desarrollo de las fuerzas productivas en la base del funcionamiento económico.[30]

Los graves problemas coyunturales evidenciaban una estructura económica que servía de soporte a la clase dominante. En tales condiciones, todo intento de profundizar el crecimiento industrial y de impulsar un desarrollo económico acorde con las posibilidades que brindaban los recursos humanos y naturales existentes y realizar una política de transformación del país, suponía un profundo replanteo, no sólo de las relaciones económicas internacionales sino, fundamentalmente, en la configuración productiva interna y en el juego de fuerzas entre los actores sociales sobre los que descansaba el proceso productivo y el desenvolvimiento económico-social.

Las amplias posibilidades existentes en el país para realizar cambios profundos no fueron aprovechadas y, en cambio, se estableció una política redistribucionista. El desarrollo de una producción agropecuaria basada en las amplias ventajas comparativas y en la utilización de las tecnologías imprescindibles que sirviera de basamento a la implantación de una industrialización que posibilitara el desarrollo impetuoso del país, no se realizó. Y se produjo una nueva y profunda frustración.

Ante las dificultades de tal política para lograr un cambio estructural se establecieron nuevas alianzas entre los sectores de la burguesía industrial y la tradicional oligarguía latifundista. En la nueva convergencia emergente, la lucha por la primacía estaba sujeta a una negociación no exenta de importantes conflictos. Pero lo que quedaba fuera de todo cuestionamiento –al menos para la clase dominante– era el papel que en este nuevo esquema de fuerzas se había reservado al capital extranjero que, naturalmente, ansiaba aprovechar todas las oportunidades latentes para ocupar los espacios económicos preponderantes.

Tal como se mencionara anteriormente, el proceso de industrialización basado en la sustitución de importaciones (sin contar con una adecuada infraestructura y sin la imprescindible industria pesada, y además sin la complementación agro-industrial) había entrado en crisis a finales de la década de 1950.

En su reemplazo, el bloque hegemónico planteó un modelo de acumulación con importante participación de capital y tecnología procedente de las naciones imperialistas.

El interés de la gran burguesía local, en este estadio del desarrollo, pasaba por lograr una modernización del aparato productivo que le permitiera incrementar la tasa del excedente.

Al no haberse emprendido el camino del cambio, potenciando el desarrollo económico del país que lo podría haber colocado en un lugar destacado entre las naciones de Latinoamérica e inclusive de algunos países desarrollados, se acudió al aporte del capital externo proveniente de las empresas trasnacionales que se encontraban en un proceso de plena expansión a escala nacional. Y que, deseaban realizar una nueva irrupción, esta vez más "modernizada", en la Argentina.

Para la clase dominante argentina, la nueva apertura de la economía a la instalación de subsidiarias y empresas transnacionales, significaba una forma cómoda y que no afectaba sus intereses, de responder a las imperiosas necesidades existentes en el país de obtener productos industriales (automóviles, artefactos para el hogar, etcétera) que habían sido relegados en su producción local.

La modernización era una exigencia insoslayable. Paralelamente a ello, la clase dominante continuaba entrelazando sus intereses al capital extranjero, lo que profundizaría su poder y ampliaría la apropiación del excedente.

La instalación de las firmas transnacionales significaba entonces no sólo la contribución directa esperada de las mismas en términos de inversiones, tecnologías, etcétera, sino la integración del país al circuito financiero internacional, lo cual representaba, entre otros aspectos, el acceso al crédito de los organismos internacionales de financiamiento y la integración de la Argentina en el esquema de reproducción del capital a escala universal.

El desarrollismo (1958/1962)

A nivel político, el juego de intereses expuesto anteriormente se tradujo en la conformación de una coalición que, si bien para su ascenso se valió de compromisos tejidos con los sectores populares, una vez en el poder reorientó su accionar en coherencia con las nuevas alianzas.

La estrategia desarrollista se basaba en los siguientes puntos:

1) desarrollo en la Argentina de un complejo industrial integrado mediante fuertes incentivos a las industrias básicas y a la explotación intensiva de los recursos naturales del país.

2) modernización agrícola sin alteraciones en la estructura de la propiedad rural.

3) atracción de un flujo masivo de capitales extranjeros para el cumplimiento de estos postulados.

A tales efectos se buscó conquistar la confianza de los inversores extranjeros y los internos y de la comunidad financiera internacional, entregando la cartera económica a un fervoroso defensor de la libre empresa, de la privatización de las empresas estatales y de la participación del capital externo, Alvaro Alsogaray.

En diciembre de 1958 se suscribió el ingreso del país al F.M.I. Se reemplazó la legislación para el capital extranjero dictada en la etapa peronista por un nuevo régimen, la ley 14.780. La misma otorgaba considerables ventajas para el ingreso de dichos capitales y era complementada por la ley de garantía de inversiones que aseguraba al capital extranjero contra los riesgos de inconvertibilidad de sus capitales en caso de nacionalización.

Se abolieron de inmediato los controles de precios y se eliminaron las restricciones cuantitativas al comercio, junto con la liberación del tipo de cambio. A su vez se procedió a la consolidación y refinanciación de la deuda externa con el denominado "Club de París".

Todas estas medidas, pretendían trazar un nuevo marco para la operación del capital, en el cual se asignaba a la captación de ahorro externo una función decisiva para resolver la crisis de crecimiento del país.

Estos conceptos son claramente expuestos por el principal artífice del pensamiento desarrollista de ese entonces, Rogelio Frigerio, que señalaba que "el financiamiento para absorber la técnica moderna e incrementar el producto nacional requiere métodos de magnitud muy superior a los que pueden resultar del ahorro interno,por mucho que se comprima el consumo. Si el país importa capital para la explotación de los recursos naturales de su propio suelo y para las inversiones de infraestructura y de la industria pesada, dicho capital contribuye a aumentar la capacidad productiva local, incorpora bienes y tecnologías a la economía nacional y libera al país del abastecimiento externo." Más adelante señalaba "la modificación estructural producida por la incorporación de capital extranjero a la actividad interna tiene efectos multiplicadores permanentes. El capital que ingresa para satisfacer las necesidades del mercado interno y reemplazar con la producción local el producto importado contribuye a la autonomía del país frente al factor externo y a modificar radicalmente la estructura económica."[31]

El optimismo que encerraban dichas ideas no se verificó con la realidad objetiva. Sin embargo, los cambios cualitativos que se produjeron en la economía como consecuencia de la aplicación de tal política, modificaron las bases de su funcionamiento, no sólo en relación al grupo de bienes que pasaron a liderar la nueva etapa de crecimiento sino de la redistribución de responsabilidades entre los distintos grupos empresariales.

La nueva etapa de inversiones extranjeras

En los años que prosiguieron a la implementación de la estrategia desarrollista se verificó un significativo flujo de capitales procedentes del exterior.

El gobierno del Dr. Frondizi procedió –como se ha dicho– a dictar la Ley 14.780, que regulaba las inversiones extranjeras.

De acuerdo con los datos proporcionados por la Dirección General Impositiva (Boletín No. 212 página 148 y siguientes), nos encontramos que bajo los términos de la ley 14.780 que extiende sus efectos hasta que el gobierno del sucesor del general Onganía, el general Levingston dicta la ley 19.151 en 1971, se realizaron los siguientes movimientos: durante 1958-1969, se **autorizaron** 399 propuestas de inversiones por un importe global de 806 millones de dólares corrientes. De ellas el 73 por ciento se produjeron en el período 1959/63 y el 20,4 por ciento en 1967/69. La distribución sectorial de dichas inversiones fue como sigue:

Sectores	Número de propuestas	Millones de u$s	Porciento
Productos químicos y petroquímicos	84	33,9	41,5
Construcción, material de transporte	72	231,6	28,7
Fabricación productos metalúrgicos	63	81,1	10,
Industria de la construcción	70	54,4	6,8
Productos alimenticios	28	42,1	5,1
Resto	82	62,8	7,8
	399	806,0	100,0

Es necesario destacar que existe **una diferencia sustancial entre el número de propuestas de radicación de capitales externos y los montos efectivamente ingresados** –de este conflictivo tema, nos extenderemos más ampliamente en el análisis de la inversión extranjera en el período

1976/83–, tampoco se advierte una evaluación de lo aportado como utilidades reinvertidas.

De todas maneras, y aceptando como válidas las cifras proporcionadas anteriormente, en el lapso 1959-63 el monto invertido alcanzó a los 578 millones de dólares corrientes.

La Fundación de Investigaciones Económicas Latinoamericanas (FIEL) en su libro "Las inversiones extranjeras en la Argentina", Buenos Aires marzo de 1973, indica qué inversiones extranjeras autorizadas en el período 1958-69 al amparo de la Ley 14.780 ("excluyendo la rama petrolera, cuyo monto se desconoce") alcanzaron un importe total de 725 millones de dólares. Insistimos nuevamente en diferenciar la **autorización** a efectuar una radicación de capital que el capital efectivamente radicado.

La Dirección General de Fabricaciones Militares ha publicado un importante estudio titulado "Síntesis estadística de Radicaciones de Capitales Extranjeros al 30 de junio de 1964" segunda edición. Según dicho estudio el total de inversiones autorizadas al 30/6/64 alcanzaba a un importe total de 450 millones de dólares. Pero de dicha suma, lo efectivamente radicado alcanzó a los 175 millones de dólares, de los cuales 132 millones fueron en bienes y 42 millones en divisas.

Pero apartándonos de los aspectos cuantitativos acerca del monto realmente invertido, conviene analizar otro aspecto. Juan V. Sourrouille señala al referirse a las radicaciones de empresas transnacionales en el período analizado que "si bien la lista de autorizaciones cubre prácticamente todo el perfil industrial, es conveniente señalar que no se encuentra en ellas ningún ejemplo de proyecto diseñado exclusiva o principalmente para explotar a escala internacional, las ventajas relativas otorgadas por los recursos naturales o humanos del país. Prácticamente la totalidad de los emprendimientos estaban orientados al mercado interno".[32]

La alta rentabilidad implícita en los negocios que el país ofrecía a la inversión extranjera, así como el marco de seguridad jurídico-económico delineado por las autoridades, estimularon la radicación de firmas transnacionales, fundamentalmente norteamericanas, acompañando el proceso de transnacionalización del capital que se implantaba en todo el mundo en forma cada vez más extendida.

Obsérvese (Cuadro 23) que los beneficios de la inversión extranjera alcanza niveles elevados en el período del gobierno del Dr. Arturo Frondizi, tal como se explicita en el Cuadro No. 23.

Tomando otra fuente, la Fundación de Investigaciones Económica Latinoamericanas (FIEL) observemos el Cuadro 24.

Cabe destacar que en el período analizado, el sector manufacturero fue el principal destinatario de las I.D.E. estadounidenses ya que en 1958 alcanzaba a 47 por ciento del total invertido y en 1969 llega a un 63 por ciento.

Según datos proporcionados por el Censo Económico de 1963, la porción transnacional de la producción industrial argentina alcanzaba un 25 por ciento de la misma y se ubicaba en los sectores más concentrados.

La etapa 1966/1973, desnacionalización y concentración

El 28 de junio de 1966 un nuevo golpe de Estado se produce en nuestro país. El gobierno constitucional del Dr. Arturo Illia es volteado por las fuerzas armadas y asume la presidencia de la Nación el general Onganía proclamando el imperio de la "Revolución Nacional".

"A mediados de los años 60, la sociedad argentina estaba convulsionada por una crisis de hegemonía generalizada en todos los niveles de la sociedad, debido a las recurrentes crisis institucionales y a políticas económicas erráticas que impedían la profundización del desarrollo capitalista a base industrial. Onganía promete resolver todos estos problemas, eliminando de una vez por todas las ambiguedades de la democracia limitada; postula para ello un proyecto de reordenamiento social basado sobre valores tan antiguos como orden, jerarquía, disciplina, complementados con otros modernos, como corporativismo y modernización económica. Dadas las características de la sociedad argentina de mediados de los años 60, las contradicciones del proyecto de Onganía eran más que evidentes: restauración ideológica y autoritaria de las jerarquías sociales, por un lado, y modernización económica, por el otro, pasando por la eliminación de la política."[33] Más adelante se agrega: "El sector industrial reconoce importantes puntos de convergencia entre sus reiterados pedidos de orden, contención de las demandas populares, primacía del mercado, prejuicio antipolítico y algunos aspectos centrales de la ideología militar-corporativa de Onganía, sin embargo a pesar de las condiciones favorables en términos generales a la industria, los industriales se encuentran institucionalmente excluídos de la formulación de la política económica".

Sin embargo, lentamente y por encima de las diferencias, se fue tejiendo una amplia red de entendimientos entre los militares y los empresarios, que tendría su máximo exponente durante la dictadura del Videlismo.

En la etapa de Onganía muchos militares comienzan a integrarse a las empresas y es el período en que se registran gran cantidad de militares en los directorios de numerosas firmas, muchas de ellas de gran envergadura econômica.

El sector privado fue percibiendo la creciente influencia militar en los negocios públicos que son, a su vez, determinantes para el desenvolvimiento de los intereses particulares. Y es por ello que paulatinamente se va produciendo una interpenetración de los militares en los negocios privados. "El estamento militar fue derivando así intereses propios del ejercicio del poder político. Esto transformó, progresivamente, el inicial papel de arbitraje que los militares asumieron con la intervención inicial de 1930. Aparte de la injerencia en la promoción de intereses privados y en la administración de los entes públicos (que muchas veces estaban favoreciendo los intereses privados N.M.) en las épocas de pleno ejercicio del poder político (1966-1973 y 1976-1983), miembros de las tres armas, en actividad y en retiro, cubrieron la mayor parte de los principales cargos en las jurisdicciones nacional, provincial y municipal."[34] Lo cual les daba mayores posibilidades de favorecer a quienes quisieran en las mejores posibilidades empresariales.

En diciembre de 1966 fue designado ministro de Economía y Trabajo el Dr. Adalbert Krieger Vasena, que pocos días más tarde formularía su plan, cuyos propósitos enunciados serían el de promover el desarrollo económico en el enmarcamiento estructural existente, es decir dentro de los límites de un sistema capitalista dependiente. Se procuraría acelerar la acumulación y, al mismo tiempo, la centralización del capital. Naturalmente que en las condiciones existentes la mayor acumulación tendría lugar, esencialmente, en base a un incremento de la explotación de la fuerza de trabajo. Al mismo tiempo, fueron puestas en funcionamiento una serie de medidas, complementarias del propósito principal. Dichas medidas fueron:

a) congelamiento de salarios por dos años.

b) precios "concertados" por un período prolongado, con las empresas líderes, formadoras de los precios.

c) brusca e importante devaluación del signo monetario.

d) promoción -via estímulos oficiales- de las exportaciones no tradicionales.

e) modificaciones en las condiciones laborales.

Este conjunto de medidas fueron impuestas con el propósito declarado de luchar contra la inflación y promover el desarrollo. A ellas se le adicionó, como una palanca de fundamental importancia, el uso del crédito del sistema financiero.

Como es lógico suponer se procuraba la atracción del capital extranjero, que a diferencia de lo ocurrido durante el período desarrollista que privilegiaba desarrollar determinadas ramas de la producción –petróleo, petroquímica, automotores– ahora, bajo la administración de Krieger Vasena no se privilegió ningún sector industrial en particular. El capital extranjero se orientó básicamenal sector financiero y a la absorción de empresas de alta rentabilidad.

El "paquete" económico puesto en marcha, más allá de sonadas declaraciones de que el país se dirigía hacia la modernización de la sociedad, basada en la exaltación del eficientismo, se traduciría al poco tiempo de su aplicación en una creciente desnacionalización de gran parte del aparato productivo nacional y, al mismo tiempo, se concentraba el dominio de las grandes compañías locales y de las empresas multinacionales que entrelazaban sus intereses.

Se podría resumir en un solo pensamiento lo que comenzaba a suceder. **Roberto T. Alemann que tanto ha tenido que ver con la prédica del pensamiento neoliberal, declaraba a la Revista** *Primera Plana(* **del 21 de marzo de 1967 que 'la reforma (económica) supondrá algunas inevitables desapariciones que no deben lamentarse porque el país no puede seguir manteniendo sectores antieconómicos al costo del sacrificio de todos los demás. Hay dos soluciones para los industriales que no pueden competir: la fusión o concentración de empresas en una, otra es un**

apoyo oficial que podría brindarse sobre la base de 'ayúdate y te ayudaré'' (destacado en negrita es nuestro).

Un año más tarde, las preocupaciones por el proceso de desnacionalización y de centralización, son muy grandes y tienen su exteriorización en que la CGE (Confederación General Económica) presentase un proyecto de ley exigiendo la prohibición de venta de empresas argentinas a accionistas extranjeros.[35]

La moneda argentina que, después de la importante devaluación del '67 debía permanecer estable y sólida, es nuevamente devaluada en 1970. Ello provoca gran disconformismo. Y entre otras manifestaciones tenemos la de la Confederación General de la Industria que dice: "La reciente devaluación del peso es una medida absolutamente injustificada y antinacional. Con la devaluación y las medidas adicionales que la acompañarán se verán favorecidas exclusivamente las transnacionales del exterior y principalmente los inversionistas y prestamistas extranjeros, que con un dólar podrán adquirir en la Argentina lo que les costaría mucho más en otros países. **De este modo se consolidará y reactivará la compra de empresas nacionales, que por otro lado se verán ahogadas financieramente al tener que abonar sus compromisos con un dólar encarecido sin justificación**" (Clarín 21 de junio de 1970) (destacado en negrita es nuestro).

La preocupacion por la desnacionalización de empresas se fundaba en un proceso que afectó fundamentalmente a pequeñas y medianas compañías –e inclusive a algunas calificadas como líderes– que en algunos casos actuaban como proveedoras de las multinacionales motrices, fábricas de autopartes, otras calificadas como competidoras que actuaban en la industria química, farmacéutica, etcétera, y otras que fueron absorbidas por los elevados pagos de royalties como por ejemplo, la industria de cigarrillos.

Alrededor del 20 por ciento de las 50 principales empresas desnacionalizadas eran fábricas de autopiezas,otro 20 por ciento pertenecían a la rama química, 10 por ciento a la metalúrgica, 8 por ciento a la fabricación de productos eléctricos y electrónicos y 20 por ciento a bancos y entidades financieras.[36]

El marco para estas mutaciones en la economía nacional estaba dado por la contracción del mercado interno, por una política crediticia que proporcionaba facilidades y apoyo fundamentalmente a las grandes empresas coadyuvando al proceso de concentración y de eliminación de las más débiles.

La ola de quiebras y desnacionalizaciones que se sucedían, no tenían porque generar preocupación, de acuerdo con la visión de las autoridades econômicas. En octubre de 1968, el Dr. A. Krieger Vasena manifestaba en Washington que "la industria no quiebra nunca, sólo cambia de mando".

La política económica que había establecido la "Revolución Argentina" a través de Krieger Vasena fue precursora de la que más adelante y en otra instancia de las sucesivas intervenciones de las fuerzas armadas en el gobierno nacional –golpe de estado mediante– establecería José A. Martínez de Hoz a partir de 1976 y que se continuaría aún más allá de su caída, hasta 1983. En resumidas cuentas lo que se hizo en la primera etapa, en la de Krieger Vasena, era la conformación de un nuevo modelo de país. Un modelo que satisfaciera los intereses de las grandes empresas nacionales, de la tradicional oligarquía criolla y los de las corporaciones multinacionales. Que dicho modelo empobreciera al país, que se produjeran innumerables quiebras, que las clases populares vieran constreñido su ingreso, que la Argentina quedara relegada como nación, nada de ello importaba si se lograba los fines propuestos.

El capital extranjero en 1966/1973

Se ha señalado precedentemente que en períodos anteriores, especialmente en el de la denominada "Revolución Argentina", se ha estimulado el ingreso de los capitales provenientes del exterior.

Para el logro de tal objetivo se impulsó la confianza de los potenciales inversores mediante la eliminación del control de cambios y un mejoramiento de las relaciones con la comunidad financiera internacional a través de la firma de un nuevo acuerdo con el Fondo Monetario Internacional.

En 1971 se dicta una nueva ley para inversiones extranjeras que resulta más beneficiosa para dichos intereses que la que regía hasta ese momento que era la Ley 14.780 promulgada por la administración del Dr. A. Frondizi.

Además de los diversos incentivos brindados se otorgó a las firmas extranjeras grandes facilidades crediticias. Sin embargo, lo aportado como inversiones directas extranjeras, no alcanzó montos de importancia relativa. "Para el conjunto mundial de regiones y para todos los sectores de la actividad económica, en el período 1957-1965 el 52 por ciento de los recursos que financiaron la expansión del activo total de las grandes empresas norteamericanas en el exterior provino de recursos de la propia empresa y generados localmente, 27 por ciento provino de recursos captados en los países en que la empresa actuaba o en terceros países y sólo un 21 por ciento tuvo su origen en los Estados Unidos. En otras palabras, el 79 por ciento de los recursos provino de las sociedades que esas empresas fueron supuestamente a "desarrollar"[37]

Escasos aportes, fuerte expansión del crédito interno, eran causados por la vinculación estrecha de los bancos extranjeros con el capital industrial local. Mientras en 1966 los bancos extranjeros representaban un 16 por ciento de la banca privada actuante en el país, en 1970 su participación alcanzaba al 22,3 por ciento. En 1966 los depósitos en los bancos extranjeros representaban el 31,6 por ciento del total; en 1970 los depósitos captados por la banca extranjera llegaban al 40,5 por ciento del total.

Según datos elaborados por Juan V. Sourrouille y otros a partir de balances consolidados de un grupo de sociedades anónimas extranjeras y nacionales, las primeras presentan una relación capital ajeno, sobre el capital propio, que supera a las nacionales en diez puntos porcentuales. (Ver Cuadro 25)

Una de las explicaciones para esta característica diferencial consiste en el acceso privilegiado de las firmas extranjeras al mercado financiero interno, el que a su vez se funda en la mayor rentabilidad de las mismas.

"En síntesis, la hipótesis sobre la prevalencia del financiamiento interno sobre el externo aparece apoyado por dos factores: Un mayor uso del capital ajeno interno y una mayor tasa de ganancia relativa a la de las empresas locales".[38]

Otro de los aspectos en los que las expectativas se vieron defraudadas fue en lo que se refiere a la presunta bonanza que exhibiría el sector externo.

En este caso, luego de los primeros años, el flujo de capitales se hizo negativo, con el consiguiente impacto sobre el balance de divisas del país.

La explicación de este comportamiento se desprende del análisis de los componentes de dicho flujo. A partir de 1963 los egresos de divisas por utilidades, intereses y regalías, superaron los ingresos por inversiones directas.

El propio perfil de las inversiones incidió negativamente sobre el balance de pagos. Su producción destinada mayoritariamente al mercado interno, y su alto coeficiente técnico importado, dieron por resultado que las compras de las empresas extranjeras en el exterior superaron a sus exportaciones. Para ilustrar lo que antecede se puede considerar el impacto de los egresos de divisas ocasionados por las inversiones extranjeras como porción de las exportaciones del país. Estos egresos absorbieron en los primeros años de la década del 70 más del 20 por ciento de las mismas.

Pero más allá de las expectativas originales y su verificación o no en la realidad, es necesario brindar algunos elementos sobre el creciente peso de las empresas transnacionales en la economía argentina así como de sus características respecto de sus pares nacionales.

La producción industrial y las empresas extranjeras

La participación transnacional en la producción manufacturera argentina pasó del 25% en 1963 al 30,8 por ciento en 1973.

Este elevado porcentaje no expresa, sin embargo, el peso real de las firmas extranjeras en la economía, el que se ve amplificado por el control que las mismas ejercen sobre las ramas más estratégicas del sector industrial.

El cuadro No. 26 deja en evidencia la predilección de las empresas extranjeras por las ramas más concentradas de la producción industrial.

La contribución de estas empresas al proceso de oligopolización de la economía, constituye uno de los rasgos salientes del período.

VI

LA ETAPA FUNESTA 1976/1983

Inversiones extranjeras acumuladas hasta agosto de 1976

"Fue una preocupación importante del programa económico revertir la situación existente a principios de 1976 en cuanto a las inversiones externas. La legislación entonces vigente era totalmente restrictiva, constituyendo una valla para nuevas inversiones más que un régimen para regularlas. Se consideró, entonces, necesario disponer de un nuevo ordenamiento que flexibilizara y liberalizara las acciones en este campo.

La política respecto de las inversiones extranjeras está reflejada en la ley 21.382, que fija para quien las realice reglas claras y justas teniendo en cuenta el interés nacional. Esta ley establece respecto al inversor extranjero dos principios esenciales: **1) todas las áreas de la actividad económica están abiertas a su participación. 2) asegura a quien registre su inversión, la remesa de utilidades y repatriación de capital aún en períodos en los cuales se aplicase una política de control de cambios".**[39]

Se justifica la extensa cita para demostrar la filosofía aplicada por Martínez de Hoz durante su larga estadía en el Ministerio de Economía.

El 13 de agosto de 1976 fue sancionada la mencionada ley 21.382 que mantuvo su vigencia hasta finales de 1980 en que se procedió a promulgar la ley 22.208 que introdujo una serie de modificaciones que acentuaron los rasgos de apertura hacia el exterior de la legislación vigente.

En cuanto a las inversiones preexistentes se procedió a la determinación "del capital repatriable de 1.429 inversores en 1.023 empresas receptoras por un total de 3.500 millones de dólares. Tal determinación se hizo por primera vez en el país permitiendo al inversor conocer en forma clara y mediante resolución emanada de la Autoridad de Aplicación el monto del capital repatriable, la divisa correspondiente y su participación en el capital de la sociedad receptora lo cual implicó el reconocerle sus derechos y darle seguridades a los mismos."[40]

En el Cuadro 27 se podrá apreciar la distribución sectorial de las inversiones existentes al 28 de agosto de 1976 y el Cuadro 28 nos brinda una información pormenorizada de las inversiones clasificadas por país de origen.

Como podrá apreciarse Estados Unidos aparece como el principal inversor con un monto de 1.395 millones de dólares, importe que resulta similar a los 1.364 millones de igual moneda que informa el Departamento de Comercio de dicho país mediante la publicación Survey of Current Business. La participación norteamericana sobre el total invertido es un 40 por ciento. En segundo lugar aparecen los capitales de origen suizo con un monto de 428 millones de dólares y un 12,2 por ciento del total. Sigue en orden de importancia la participación del Reino Unido con 272,5 millones de dólares y un 7,8 por ciento del total. Holanda ocupa el cuarto lugar con 220 millones de dólares y un 6,2 por ciento sobre el total de inversiones registradas al 28 de agosto de 1976.

Varios investigadores señalan que ciertas inversiones cuyo origen es norteamerciano aparecen –por razones de índole fiscal– como provenientes de Suiza, Panamá, Luxemburgo, etc, aunque no se puedan detectar con precisión aquellas empresas transnacionales que optaron por disimular su procedencia.

En el Cuadro 27 que ofrece un detalle de la distribución por sector económico de las inversiones, nos encontramos que el **rubro servicios** abarca un importe de 635,4 millones de dólares con una participación del 17,9 por ciento. Dentro de este sector, los establecimientos financieros tienen la participación mayor con 266 millones y el 7,6 por ciento de la inversión total.

La producción agropecuaria y la caza suman 73,5 millones de dólares con un porcentual del 2,1 por ciento sobre el total.

La minería en general, absorbe 52 millones de dólares con una participación del 1,5 por ciento sobre el total.

Resulta entonces que la industria manufacturera es la que ha absorbido el mayor porcentaje de la inversión extranjera ya que alcanza a cubrir un monto de más de 2.740 millones de dólares con una participación de 79 por ciento sobre el total.

En el Cuadro 28 se ofrece una detallada visión de la inversión extranjera existente a agosto de 1976, por países de inversión. La misma fuente, es decir el Boletín Semanal del Ministerio de Economía, No. 310 del 5 de noviembre de 1979, publica la evolución de las inversiones desde 1912 año por año, hasta agosto de 1976; pero agrega una serie de datos nuevos que hemos resumido fielmente – a los efectos de no fatigar al lector– dichos datos son los que a continuación se describen:

	Millones de dólares
1) I.E.D. (Inversión extranjeras directa) (ingreso de capitales menos repatriaciones)	1.660
2) Reinversión de utilidades	1.944
3) Inversión extranjera total (1 + 2)	3.604
4) Utilidades remitidas (dividendos en efectivo)	4.440
5) Utilidades totales (2 + 4)	6.384

Conviene retener y meditar profundamente sobre estas cifras –brindadas por las autoridades del "Proceso" que eran absolutamente favorables a las inversiones de capitales pues estos elementos que aquí demuestran echan por tierra los ríos de tinta gastados para demostrar una y otra vez las bondades y los beneficios que reportaban a la economía del país las inversiones externas.

Aclaremos un punto. Si un capital va al exterior "a correr riesgo" (y dada la experiencia de nuestro país y de toda Amércia Latina, lo decimos con toda la ironía posible, pues riesgos no corren ninguno y si reciben toda clase de facilidades y tratamiento excepcional, que no recibieron los capitales) es lógico que tenga su beneficio, pero no cualquier beneficio, sino aquel que sea acorde con la inversión y con las posibilidades del sector al que se ha dirigido.

Pero observemos lo que –según las cifras oficiales– ha sucedido aquí. Entre 1912/1976 **lo realmente invertido** sin tomar en cuenta que ello haya sido abultado como muchas veces se verificó) alcanzó un monto de 1.660 millones de dólares. En dicho lapso se generaron utilidades totales por 6.384 millones de dólares. Está bien que ello se produce en un lapso relativamente prolongado, pero las inversiones continúan existiendo y, naturalmente, drenando sus beneficios e incluso incrementándolos grandemente, como ocurrió durante el "Proceso".

Quizás valga la pena insistir en algunos conceptos anteriormente explicitados, en cuanto al trato preferencial otorgado al capital extranjero.

"Dado que las concesiones otorgadas por el Estado comprendían distintas formas de **asegurar una tasa de ganancia extraordinaria** mediante una amplia gama de medidas, tales como asegurar determinada tasa de interés, entregar tierras fiscales, **permitir la sobrevaluación del capital garantizado**, otorgar exenciones impositivas y aduaneras, etc., las empresas extranjeras tenían asegurado desde el comienzo el pago de sus obligaciones financieras (la mayor parte de los capitales utilizados en la inversión provenían de los mercados de capitales de los países centrales que, obtenidos a través de distintas formas de endeudamiento, exigía la periódica cancelación de intereses y amortizaciones), así como también la obtención de utilidades. En estas condiciones, las firmas extranjeras, luego de saldar el pago de los intereses y las amortizaciones en los mercados de capitales, reinvertían o remitían al exterior las utilidades..."[41]

El capital extranjero invertido hasta 1976 correspondía a alrededor de 580 empresas transnacionales (E.T.) que se fueron radicando en el país a lo largo del período analizado y que, ampliando sus actividades, vertical y horizontalmente, fueron adquiriendo e instalando subsidiarias que alcanzaron a la importante cantidad de 1.610 empresas.

Estados Unidos con 604 y Gran Bretaña con 259 subsidiarias son los países que han incorporado un mayor número de compañías controladas por sus casas matrices.

Es interesante destacar que un 45 por ciento de las E.T. fueron radicadas en el país en el período 1958–78 y casi el 46 por ciento de las subsidiarias lo hicieron durante el mismo lapso.

La fecha de instalación en nuestro país de las subsidiarias de las E.T fue como sigue:

	Período de instalación 1958–73 (en porcientos)
Subsidiarias norteamericanas	65
Subsidiarias inglesas	46
Subsidiarias francesas	44
Subsidiarias alemanas	60
Subsidiarias italianas	47

Es fácilmente deducible que el período 1958–73 (que abarca el gobierno de Frondizi, la transición de Guido, y el período de la "Revolución Argentina" con Onganía, Levingston, Lanusse) han sido los que mayores facilidades han brindado para la expansión de las nuevas empresas transnacionales y para la instalación de sus subsidiarias. Solamente superadas por las brindadas durante el Proceso militar del 76.

En el Cuadro 29 se podrá visualizar el número de empresas transnacionales por país de origen con sus respectivas subsidiarias y el monto de la inversión directa acumulada a agosto de 1976, fecha que se remiten los datos proporcionados por el Ministerio de Economía.

Las inversiones durante el Proceso Militar

Como se ha señalado anteriormente, la política económica establecida desde el inicio del gobierno militar y sostenida consecuentemente a lo largo de su permanencia en el poder fue de un "aperturismo" externo elevado, instituido sobre la base de facilidades cambiarias y de un desarrollo hipertrofiado del sector financiero –propiciado por la ley de entidades financieras de 1977– que permitió la obtención de elevadas tasas de interés, superiores a las existentes en el mercado financiero internacional y que facilitaba y liberaba la entrada y salida de capitales. De esta manera se pretendía obtener una masiva aportación de capitales externos.

Como se ha señalado anteriormente, el instrumento que debía facilitar el ingreso de las inversiones exteriores fue la ley 21.382 del 13 de agsoto de 1976 y por las modificaciones introducidas en la ley 22.280 de fines de 1980. El análisis de esta legislación escaparía a la naturaleza de este estudio. Queremos, no obstante, mencionar que las nuevas disposiciones derogaron los principales postulados de la anterior Ley aprobada por el Congreso Nacional, y entre otros puntos se acepta el principio de considerar partes jurídicas independientes a la matriz y sus subsidiarias en sus operaciones internas.

El hecho de considerar a la filial como parte independiente de la casa matriz, supone una óptica arbitraria que implica el desconocimiento de la realidad objetiva de lo que sucede no sólo en el ámbito de nuestro país, sino en todo el proceso de transnacionalización económico que ocurre en el mundo. Las filiales de las empresas multinacionales son eslabones de las casa matrices y siguen fielmente la política trazada por las centrales y por ello se consideró ilegal –por ejemplo– el que la matriz le cobrara importantes intereses a la filial argentina como en el caso de Parke Davis que fuera tratado por la Corte Suprema de Juscia y que sentó jurisprudencia en la materia, siendo revocada durante la dictadura militar.

Por otra parte, existían además conflictos entre el Estado Nacional y algunas empresas multinacionales tales como Siemens, Standard Electric, Peugeot, Esso, Shell, CIAE (Italo), etcétera. Se dictó una ley especial que suspendió los procesos legales en curso y que impidió la aplicación de sanciones a dichas empresas, lo cual les permitió obtener beneficios extraordinarios.

Para brindar un panorama de las inversiones externas entre 1977 y el 31 de diciembre de 1983 debemos recurrir a una fuente como la Dirección de Inversiones Extranjeras, dependiente del Ministerio de Economía, que no ha ofrecido una información suficientemente detallada que discrimine entre "Inversiones aprobadas por resolución o por decreto" que se computan también como aportes de capital y capitalizaciones de créditos, y las inversiones efectivamente realizadas. Ello es así –al decir de algunos funcionarios– por la naturaleza misma de las radicaciones "ya que hay proyectos que toman bastante tiempo en poder materializarse y pueden tomar un año, dos años, o sea, que los ingresos pueden ser de alguna manera más lentos".[42] Es decir que las propias autoridades en la materia no podían o no establecieron los mecanismos adecuados para brindar una información fehaciente y concreta. Pero lo fundamental era brindar una visión "optimista" de "credibilidad" en el Proceso y de ocultar el monto de capitales que giraban en la especulación financiera y que favorecía a los que se llamaría "patria financiera".

Tomando como base los datos aportados por el Ministerio de Economía en el Cuadro 30 podemos encontrar un detalle de las inversiones externas aprobadas entre 1977 y el 31 de dciembre de 1983.

De los 4.787 millones de dólares que cubren la totalidad de las inversiones aprobadas en el período sólo un 50 por ciento, 2.442 millones, corresponde a lo que se denomina nuevos aportes de capital. Cabe señalar que de esos 2.442 millones **habría que descontar 702 millones que son aportes transitorios destinados a la producción de petróleo y gas natural.**

Debe mencionarse también que en los nuevos aportes de capital se incluye un importe significativo que la falta de información lo torna de monto indeterminado, de recursos volcados a la compra de acciones en el mercado local y que en algunos casos operó como factor de desnacionalización de empresas de capital nacional y en otros sirvió como un incremento de las casas matrices en el capital de firmas subsidiarias existentes.

Si nos atenemos a las cifras que se han ofrecido a través de las informaciones proporcionadas por el Ministerio de Economía y que se han graficado en los Cuadros 28 y 30, tendremos que:

(cifras en millones de dólares corrientes)

Inversiones extranjeras existentes (agosto de 1976)	**3503**
Inversiones extranjeras acumuladas al 31/12/83	**4787**
Stock de capital extranjero según Ministerio de Economía	**8290**

Veamos ahora, otros datos provenientes del análisis de las diferentes Memorias Anuales del Banco Central de la República Argentina, desde 1977 hasta 1983 inclusive, las inversiones directas, acumuladas, alcanzan los 2.738,1 millones de dólares corrientes.

La diferencia con las cifras del Cuadro 30 es importante; para llegar a una aproximación hay que excluir las reinversiones de utilidades (1.497,2 millones de dólares); la capitalización de créditos (430,1 millones de dólares) y los aportes automáticos (418,4 millones).

Recapitulando tendríamos:

	Millones de dólares
Inversiones extranjeras a agosto de 1976	3.503
Aportes de capital (B.C.R.A.) al 31/12/83	2.738
Reinversión de utilidades al 31/12/83	1.497
Capital extranjero acumulado al 31/12/83	7.738

Los guarismos presentados anteriormente ilustrarían acerca de las diferencias estadísticas sobre la existencia final de los capitales extranjeros realmente invertidos en el país.

Pero dejando de lado esta cuestión, conviene detenernos en otros aspectos que son más trascendentes. Esto es las ganancias, las declaradas, que como se sabe nunca son las verdaderas, que ha obtenido el capital extranjero, siempre durante el lapso de la dictadura militar, 1977/1983.

Analicemos las cifras que proporcionan las Memorias del Banco Central y el Ministerio de Economía:

	Millones de dólares
Dividendos y utilidades (remitidos)	3.070,3
Utilidades reinvertidas	1.497,2
TOTAL DE UTILIDADES	4.567,5

Dicho de otro modo, con una inversión de 2.738,1 millones de dólares, se obtuvo una utilidad total de 4.567,5 millones de dólares, de los cuales se remitieron a las casas matrices del exterior 3.070,3 millones y se reinvirtieron 1.497,2 millones de dólares. Es decir que se obtuvo un beneficio del 167 por ciento sobre el capital invertido. Pero ello no es toda la ganancia.

En el mismo período que hemos analizado, siempre de acuerdo con las informaciones proporcionadas por el Banco Central, se pagaron 3.437,5 millones de dólares en concepto de regalías, gastos varios y honorarios.

Como se sabe las regalías no sólo son pagadas por las subsidiarias de las empresas extranjeras, pero sí se puede afirmar que del monto pagado son las que lo han efectuado en mayor medida. Pero para hacer un cálculo modesto digamos que un 60 por ciento fue pagado por las subsidiarias. Esto significa en números redondos 2.062 millones que **sumados a las utilidades totales nos da 6.639 millones de dólares, entre 1977–83, contra una inversión de 2.732 millones.**

Si tomamos, tal como lo hace la información proporcionada por el Ministerio de Economía, la cuenta de aportes de capital y la de capitalización de créditos, en el Cuadro 31 se ofrece una distribución sectorial de las inversiones y en el Cuadro 32 una distribución por país de origen de las inversiones.

Como podrá apreciarse son tres los rubros fundamentales hacia donde se han dirigido las inversiones, petróleo y gas con un 24,6 po ciento sobre el total, industria automotriz 17,4 por ciento y el sector financiero y bancario con un 16,6 por ciento del total.

La distribución por país nos indica que Estados Unidos ha sido el principal inversor con un monto de 1.285 millones de dólares lo que implica el 44,3 por ciento del total invertido, le sigue Italia con 472 millones y un 16 por ciento, Francia con 268 millones y el 9,3 por ciento y Alemania Occidental con 261 millones y un 9 por ciento.

La carencia de informaciones fehacientes sobre el monto de inversiones extranjeras realizadas en el período 1976–83 y que se ha señalado reiteradamente, nos lleva a la imposibilidad concreta de conocer cuál es el importe acumulado de inversión directa existente en el país a finales de 1983.

En el período 1977/83 fueron aprobadas en total 699 radicaciones de capital externo, según la información oficial. Entre 1977 y 1980 las aprobaciones alcanzaron a 514 es decir el 73,5 por ciento del total de aprobaciones. Del conjunto de dichas 514 aprobaciones de capital se ha constituido 166 nuevas empresas cuyo desgloce es como sigue:

SECTORES	CANTIDAD DE EMPRESAS
Entidades financieras y bancos	15
Servicios	34
Comercialización	29
Pesca	13
Agropecuario	6
Construcciones	9
Industria manufacturera	29
Productos químicos	9
Plásticos	1
Cemento	1
Petroquímica	1
Maquinarias y equipos	5
Otras industrias	12
Telecomunicaciones	5
Otras actividades	31
TOTAL NUEVAS EMPRESAS	166

FUENTE: Ministerio de Economía, *Memoria* 29/3/76 al 29/3/81 op.cit.

La lectura del cuadro precedente revela algunos elementos que permiten efectuar los interrogantes siguientes: a) las 514 aprobaciones de inversión, dieron lugar a la formación de estas 166 empresas?; b) qué ha sucedido con las 185 aprobaciones restantes?; c) cuáles han sido las causas por las que el Ministerio de Economía no ha brindado la respectiva información, que permitiría el esclarecimiento de la verdadera masa de capitales invertidos en el período 1977/83?

De las empresas constituidas, 78 de ellas o sea el 47 por ciento del total se dedican al rubro Servicios varios, entre las que se destacan las entidades financieras y bancarias y las dedicadas específicamente al rubro Servicios. Las firmas que se incorporan a la industria son sólo 29 lo que estaría indicando que desde el punto de vista cuantitativo, la industria no constituiría un atractivo importante para las nuevas empresas.

Las consideraciones anteriores brindan una imagen de la distribución sectorial de las inversiones externas circunscripta a aquellas que implicaron la constitución de una firma local nueva y que es menester complementar con la visión que nos brinda el Cuadro 31 que complementa la orientación por sectores de las inversiones externas.

Las inversiones de Estados Unidos, 1976/83

En el período que se analiza en este capítulo, las inversiones norteamericanas son las que brindan una información pormenorizada tanto en sus aspectos económicos como en cuanto a su distribución sectorial.

En el Cuadro 33 podemos visualizar que las inversiones de Estados Unidos pasan de 1.366 millones de dólares en 1976 a 3.054 millones al 31 de diciembre de 1983, es decir que se produce un incremento de capital acumulado de 1.688 millones de dólares, con un aumento de un 255 por ciento. Las utilidades generadas en el mismo lapso llegan a los 2.673 millones de dólares, de los cuales se reinvirtieron 1.058 millones y se remiten a las casa matrices 1.615 millones, un monto similar al crecimiento de la inversión en el período 1976/83. Pero, conviene destacar, que las utilidades totales generadas en el lapso considerado superan a las inversiones del período 1976/83 en 985 millones de dólares. Una rentabilidad francamente excepcional.

Es decir que con una inversión incrementada en el período analizado, en 1.688 millones de dólares, se han obtenido utilidades totales por nada menos que 2.673 millones.

Durante el gobierno democrático, las inversiones norteamericanas no se han incrementado en base a nuevos flujos de capital y han continuado drenando cuantiosos beneficios, parte de los cuales se reinvirtieron pero lo fundamental es remesado a las casas matrices. Es que Estados Unidos ha comenzado una etapa de desinversión en el exterior obligado a atender sus imperiosas necesidades de capital. Mientras ello ocurre se procura la obtención de la maximización de los beneficios de los capitales invertidos y el dominio del sector en el cual actúan.

El examen del Cuadro 35 nos permite obtener una detallada información de las distribución por sectores de las inversiones estadounidenses. Como puede apreciarse, el rubro petróleo absorbe en 1983, 808 millones de dólares equivalentes a un 26,5 por ciento de la inversión total en dicho año y a casi un 50 por ciento de todo lo invertido en la industria manufacturera. El crecimiento es uno de los más importantes ya que alcanza a 4,6 veces entre 1976 y 1983.

La inversión en el sector industrial se duplica prácticamente en el período analizado. Debemos destacar la significación alcanzada por el sector alimenticio que pasa de 49 millones de dólares en 1976 a 288 millones en 1983, incrementándose un 587 por ciento, que implica el mayor crecimiento de todos los rubros.

El sector financiero registra un importante aumento, ya que pasa de 72 millones de dólares en 1976 a 298 millones en 1983 con lo que su incremento alcanza a 413 por ciento en el período. Esta situación se debe a la radicación de siete importantes bancos norteamericanos y a algunas entidades financieras no bancarias que ampliaron su actividad en virtud de las facilidades brindadas por el gobierno militar.

La distribución por sectores económicos de la inversión norteamericana resulta un reflejo de lo que sucedió con la política económica establecida por Martínez de Hoz y su equipo en el plano nacional. Se proyecta el desarrollo de aquellos sectores donde la Argentina podía ofrecer "ventajas comparativas", tal el caso de la industria alimentaria –el único de los subsectores de la industria que absorbe una inversión significativa–, el sector petrolero donde se sigue la estrategia de las grandes transnacionales con el objeto de obtener nuevas fuentes de aprovisionamiento y reservas.

"Lo propio aconteció con la transnacionalización bancaria que, como forma principal en que se manifiesta la intensificación de la competencia de la banca internacional, revela una marcada sensibilidad a pequeñas modificaciones en las tasas de beneficio que, potencialmente, le brindan los distintos países. De allí que el caso argentino, en el que el ritmo de devaluación sumado a los tipos de intereses vigentes en los mercados financieros internacionales se colocaba muy por debajo de las tasas de interés local, pasa a atraer la atención de la banca estadounidense y la consiguiete afluencia de capitales hacia el sector".[43]

La política económica de la dictadura militar

"La política económica aplicada por el régimen militar instalado en marzo de 1976, ha provocado resultados realmente notables. Cinço años después de iniciarse la experiencia, la economía argentina atraviesa la crisis más severa de que se tenga memoria. La integración del sitema productivo está gravemente comprometida. Las economías regionales, que son elementos claves de la articulación de un país de dimensiones continentales, están desmantelándose rápidamente. Todos los niveles de la producción manufacturera –desde la producción de bienes intermedios, pasando por la de maquinarias y equipos, hasta la de bienes de uso final– se desmoronan bajo el impacto de la contracción del mercado interno, el subsidio de las importaciones sustitutivas de producción local y una carga financiera agobiante. Consecuentemente, el nivel de vida de la población se ha deteriorado y el salario real disminuido a niveles inferiores a los de hace una década. El sistema financiero está al borde del colapso; los préstamos incobrables (debido a préstamos a empresas afiliadas al grupo financiero o motivado directamente por el saqueo a que fue sometido el sistema, N.M.) representan proporciones insólitas de la cartera activa y exceden, con mucho, el capital y las reservas del sistema. El achicamiento de la economía y el crecimiento continuado del gasto fiscal acrecentó el peso relativo del sector público. Al mismo tiempo, la liquidación de entidades financieras y el colapso de importantes conjuntos económicos ha colocado bajo control estatal segmentos crecientes del aparato productivo."[44]

La política económica impuesta tenía objetivos mucho más amplios y profundos, intentó y en gran parte logró, cambiar profundamente no sólo la coyuntura sino aspectos estructurales de la economía nacional.

Sintéticamente se podrían enumerar los factores principales que incidieron en el cambio: 1) la disminución de los ingresos de amplias capas de la población; 2) con lo que se afectó profundamente la demanda de bienes; 3) se mantuvo durante un largo período un tipo de cambio sobrevaluado, el peso tenía un valor irreal; 4) con lo cual se desalentaban las exportaciones de los excedentes no colocados en plaza;

5) la rebaja de los aranceles y derechos aduaneros, combinado con un dólar barato, fomentó la importación de todo tipo de productos competitivos con los de producción local, inclusive se llegó al absurdo de permitir la importación de verduras para rebajar el precio de las mismas; 6) el brutal encarecimiento de las tasas de interés afectó considerablemente el costo del crédito para las empresas y sólo podían acceder a él aquellas que estaban en óptimas condiciones.

Por otro lado, y como parte de la filosofía de la apertura económica, se libera el mercado cambiario, permitiendo que los particulares pudieran comprar importantes cantidades de divisas extranjeras sin ningún requisito previo.

Los resultados de este funesto proceso, del cual todavía no ha sido posible recuperarse, puede resumirse en algunos pocos datos concretos que, de una fuente absolutamente insospechable, el "Informe sobre el desarrollo mundial 1985", producido por el Banco Mundial, se brindan en el Cuadro 36.

Mucho se ha escrito y mucho tendrá que escribirse todavía acerca del daño producido al país por las dos últimas dictaduras militares (la del período de Onganía y la del "Proceso" que encabezara Videla). Limitándonos solamente al aspecto económico, se debe señalar que los datos brindados por el Banco Mundial, son sumamente elocuentes del retroceso y dislocamiento del aparato productivo que deliberadamente se ha provocado en nuestro país.

La Inversión Bruta Interna que en el período 1965/1973 mostró un ritmo de sostenido crecimiento, dinamizado por la construcción y el gasto de bienes de capital. Entre 1968 y 1972 la construcción privada y las construcciones hidráulicas y eléctricas del sector público son los elementos dinamizadores. Mientras que en el otro período, los niveles elevados en inversión pública, se encuentran determinados por las obras en torno al Mundial de Fútbol de 1978. La inversión en equipo durable de producción se mantuvo hasta 1977. De todos modos en el lapso 1965–1983 la demanda de equipos durables sólo se incrementó un 0,3 por ciento. Una insignificancia.

Los demás datos son tan relevantes que no necesitan ser comentados. Recordemos simplemente que todos los golpes militares se hicieron invocando –entre otras numerosas "razones"– la lucha contra la inflación. Y se terminó bordeando la hiperinflación.

La comparación del incremento del Producto Bruto Interno que de 14.430 millones de dólares, pasa a 71.550 es decir se incrementa en cinco veces. Mientras que Brasil en el mismo lapso lo hace en más de quince veces y México crece más de ocho veces.

De acuerdo con datos proporcionados por el FMI, el producto bruto por habitante, en dólares de 1980, tomando sólo dos años 1962 y 1982, era Argentina 2.021 y 2.376; Brasil 1.012 dólares y 2.180 y México 1.063 dólares y 2.142. El retroceso argentino es tangible y recordemos que en 1974 el punto máximo había llegado a 2.857 dólares por habitante.

Otro elemento de juicio que nos permitirá analizar desde otra óptica el daño producido al desarrollo de nuestro país está dado por el examen de lo acontecido con el número de establecimientos fabriles y con el personal ocupado.

Si tomamos los datos preliminares aportados por el INDEC del Censo Económico Nacional de 1985 nos encontramos con el Cuadro resumido 37.

Sobre 129.678 establecimientos dedicados a la industria manufacturera en 1974 que en conjunto y a nivel nacional ocupaban 1.555.538 personas, se reducen abruptamente para llegar en 1985 a 111.767 establecimientos que ocupan a 1.359.489 personas. Es decir que 17.911 establecimientos existentes en 1974 han desaparecido, cerrando sus puertas, por la política económica implantada por el gobierno militar.

Por su parte los establecimientos dedicados a comercio y servicios se incrementaron en 90.411 unidades en el mismo período aumentando la cantidad de personal ocupado en 478.138 personas.

Es necesario tener en cuenta que tras las cifras de establecimientos en el sector comercio y servicios se computan una parte importante de trabajadores por cuenta propia, los que tienen un local a la calle. De todas maneras, el hecho más destacable es que si en la década analizada, la industria hubiera absorbido personal en la medida del crecimiento demográfico, debería ocupar en la actualidad a más de 2,3 millones de trabajadores, es decir casi un 60 por ciento por encima de las cifras del Censo en 1985.

El cierre provocado a 17.911 establecimientos fabriles demuestra elocuentemente el retroceso de la producción industrial del país que no tiene parangón en otras economías de desarrollo similar.

Claro está que el cierre de establecimientos no fue un proceso homogéneo ni afectó por igual a las firmas existentes. Las principales damnificadas por la política antiindustrialista del gobierno militar fueron las empresas medianas y pequeñas. Pero es necesario destacar que un número importante de empresas de mayor tamaño tuvieron que cerrar, ante el embate de múltiple factores a que se vieron sometidas. Incluso algunas empresas transnacionales de significativa importancia optaron también por cerrar, vender a empresarios locales, o simplemente, se retiraron del país. Como es natural y lógico, todo fenómeno social inducido por una política económica determinada, si perjudica a un sector, necesariamente beneficia a otro que recibe los efectos positivos de la política delineada. Y la política económica trazada por Martínez de Hoz tenía como objetivo prioritario beneficiar al sector financiero, a los grupos económicos locales y a determinadas empresas transnacionales.

El endeudamiento externo como factor de sometimiento y enriquecimiento

Durante el Proceso Militar 1976–1983 la deuda externa argentina creció en forma gigantesca. Antes de entrar en materia corresponde señalar que en la mayoría de los países de Amércia Latina la deuda externa ha crecido en forma harto preocupante.

En 1976 la deuda externa, pública y privada, desembolsada de todas las naciones que constituyen Latinoamérica, no superaban los 100.000 millones de dólares, en 1983 y como consecuencia de un conjunto de circunstancias –que no es el momento de analizar aquí– el endeudamiento total crece hasta alcanzar los 336.230 millones de dólares.

Al 31 de diciembre de 1976 la deuda externa total, pública y privada, de la Argentina llegaba a los 8.279 millones de dólares, en 1983 había alcanzado a los 47.234 millones de dólares (aunque la cifra debía ser aclarada pues no existían datos confiables que pudieran testificar el monto real). El 90 por ciento del importe mencionado correspondía a deuda financiera. Es decir que por operaciones de importación de mercancías o bienes de capital lo que se adeudaba llegaba a un diez por ciento.

En 1983, el 71 por ciento del endeudamiento total correspondía al sector público, mientras que la deuda privada alcanzaba a un 29 por ciento.

Resulta entonces que, durante el lapso que va de 1976 a 1983 (finales de cada año) la deuda externa argentina se incrementa en nada menos que 38.955 millones de dólares.

Los intereses que generaron tamaño endeudamiento fueron de acuerdo con los datos proporcionados por el Banco Central de la República, de 515 millones de dólares en 1976 e iban creciendo –a medida que se incrementaba la deuda– hasta alcanzar en 1983 un importe de 5.423 millones de dólares. En total la masa de intereses devengada durante 1976-1983 alcanzó a 19.044 millones de dólares, gran parte de los cuales fueron pagados y el saldo, ingresó a la deuda general.

Si tomamos la relación de la deuda externa y la exportación de bienes, esta relación evoluciona dramáticamente, pasando del 211 por ciento en 1976, hasta llegar en 1983 al 603 por ciento, siendo la más elevada de América Latina con la excepción de Nicaragua.

El incremento vertical del endeudamiento fue realizado con un propósito claro y definido. El objetivo central de la política de la dictadura militar fue la integración de la plaza financiera argentina a la internacional, promoviendo la libertad cambiaria y un irrestricto movimiento de capitales.

Los resultados demuestran la existencia de otro supuesto básico, el de aumentar sustancialmente la demanda de crédito externo. Para ello, no bastó con la liberalización de los movimientos de fondos y las tasas de interés. Se crearon, además atractivos especiales para la toma de créditos en el exterior. La diferencia del costo del crédito interno con el externo fue uno de esos estímulos y el otro, el sistema de los seguros de cambio, por el cual se aseguraba el valor en moneda argentina de las divisas que se adeudaban.

Esta política deliberada y premeditada tenía otros objetivos no expresados. El endeudamiento tenía el propósito real de condicionar el futuro del país ya que quedaba a merced de los acreedores externos que podían imponer sus condicionamientos a la política económica de nuestro país, tal como sucede en realidad. Lo que se buscaba, además, era el sometimiento de la Nación a los intereses de las corporaciones transnacionales y a los de la banca internacional. Pero existía otro motivo de fundamental importancia, **el verdadero**. que fue el apropiarse de gran parte del producto nacional, de tal modo que cometido el zarpazo por los grupos del privilegio fueran ellos los que pudieran manejar las palancas de la economía nacional en común acuerdo con los acreedores extranjeros.

La deuda externa fue utilizada:

a) para gastos militares y de represión.
b) para la construcción de las autopistas de la Capital Federal.
c) para la construcción del gasoducto del Oeste.

d) para sufragar los gastos del campeonato de fútbol 1978.

Gran parte del saldo restante ha sido utilizado para su apropiación por un "puñado" de afortunados traficantes en detrimento de toda la comunidad e hipotecando al país por varias generaciones.

Habíamos mencionado anteriormente el crecimiento de la deuda externa de Latinoamérica y de los países subdesarrollados en general, pero el caso de la Argentina es absolutamente atípico. Unico. **Pues lo esencial del incremento de la deuda, de los 38.950 millones de dólares, ha sido capital fugado.** En un reciente trabajo de la Morgan Guaranty Trust (mayo de 1986) se señala que entre los años 1976 a 1982 inclusive, la evasión de capitales producida en **nuestro país, alcanzó los 28.000 millones de dólares.** Ello, sin tomar en cuenta el año 1983, fecha en que se realizaban elecciones y habitualmente se incrementan las fugas de capitales.

El tema de la evasión de capitales, por su relevancia, obliga a detenernos brevemente en su análisis.

Mencionemos que "tradicionalmente" en la Argentina existe una fuerte dosis de evasión. Ya en épocas del gobierno del general Perón 1973–76, el Dr. Alfredo Gómez Morales declaraba que la mitad de la economía del país giraba "en negro". Situación que aún en la actualidad sigue siendo planteada reiteradamente por los funcionarios del Ministerio de Economía y de la Dirección General Impositiva.

Quizás habría que distinguir un aspecto de la economía negra o subterránea y es que, mientras ella gira internamente, causa un perjuicio al fisco y, en general, al país. Distinta es la evasión, la fuga de capitales que salen del país y se radican en el exterior. Aquí el daño es irreparable.

Volviendo específicamente a la evasión de capitales, digamos que las empresas transnacionales y las grandes firmas locales, evaden capitales "normalmente" a través de una vasta metodología cuyos aspectos más conocidos son: la subfacturación de importaciones, el contrabando de exportaciones, etcétera. Se calcula que por los dos primeros items salen –aún en la actualidad– alrededor de 1.500 millones de dólares anuales.

Los frecuentes períodos de inestabilidad, la falta de controles, la corrupción, fueron factores que fomentaron un éxodo permanente de capitales que luego difícilmente retornaban al país o lo hacían al amparo de los reiterados blanqueos impositivos.

Pero lo ocurrido durante la dictadura militar del '76 adquirió ribetes inusitados, no sólo por el colosal monto evadido, sino por la metodología empleada. Por primera vez es el Estado Nacional el que facilita la evasión. Y ello ha sido posible "gracias al endeudamiento en dólares de las empresas públicas, que ingresaban las divisas sin restricciones en el mercado cambiario y eran vendidas a los particulares para que sacaran del país sus ganancias especulativas o la liquidez que pudieran haber obtenido; en una segunda etapa, los particulares conseguían nuevos créditos externos con la garantía del depósito bancario de los dólares evadidos y repetían la operación cuantas veces querían". Más adelante el autor menciona acerca de quiénes fueron los beneficiarios de esta formidable evasión de divisas y señala que "los beneficiarios abarcan una amplia gama, que podría visualizarse como un núcleo y círculos concéntricos. El núcleo está constituido por una alianza entre el gobierno (representado por empresario y financistas en función oficial, militares y tecnócratas); empresarios nacionales y extranjeros y las fuerzas armadas. Este núcleo no es muy numeroso y está estrechamente interrelacionado."[45]

Resulta natural que por una amplia gama de motivos un conjunto significativo de empresarios y financistas, nacionales y extranjeros, fueron los que ejecutaron las mayores maniobras especulativas y, consecuentemente, los que pudieron evadir la mayor cantidad de ahorro nacional. Especialmente aquellos que combinaron en su grupo empresarial la existencia o acuerdo, con un grupo financiero.

El Estado al servicio del grupo dominante

Como se ha señalado anteriormente, el golpe de Estado de marzo de 1976 fue realizado entre otros motivos con el propósito de efectuar profundos cambios estructurales en la economía del país.

Dichos cambios tenían como objetivo declarado, insertar en el plano económico internacional a la Argentina. La búsqueda de la eficiencia, la ampliación de las ventajas comparativas, los beneficios de la economía de escala, fueron elementos publicitarios con los que se pretendía obtener un cierto consenso (que por cierto se obtuvo) y, al mismo tiempo, encubrir los verdaderos objetivos que se había propuesto el denominado "proceso". **Estos eran producir una nueva, modernizada y vigorizada versión de la alianza entre la oligarquía nacional y el capital transnacional.**

La cordial entente, que comenzara a establecerse en la década del '80 del siglo pasado, continuaba vigente. Ello naturalmente no fue un proceso lineal –como se ha visto– sino que tuvo sus profundas contradicciones. Que durante el largo período transcurrido afloraron en diversas ocasiones. Por ello era necesaria una recomposición de la relación que, por otra parte, había comenzado en la época de Onganía pero que ahora, en 1976, con el surgimiento de la crisis internacional, era más necesaria que nunca. Y ello se correspondía en cierto modo, con la búsqueda del reacomodamiento que estaba efectuando el sistema capitalista a escala mundial para intentar amenguar los efectos de la difícil coyuntura.

Para el logro del objetivo máximo del proceso, no se escatimaron esfuerzos, aunque dichos esfuerzos trajeran como contrapartida la liquidación de gran parte del aparato productivo del país.

Todo fue supeditado al logro del objetivo cardinal de la política económica, cuyo principal artífice fue José A. Martinez de Hoz y sus mandantes externos. El endeudamiento exterior, mejor dicho, la enorme fuga de capitales, **fue la culminación de un largo proceso que fue realizado para cumplimentar el fortalecimiento de la alianza entre los grupos económicos nacionales, la oligarquía y el capital transnacional.**

Todas las medidas económicas tomadas durante la dictadura militar, tendían de una u otra manera a dicho propósito. Enumeremos entonces, brevemente, las principales.

1) La reforma financiera de 1977

El objetivo de dicha reforma esencialmente ha sido la liberalización de la tasa de interés, colateralmente ello traería como consecuencia una expansión hipertrofiada del sector financiero-bancario con la instalación de filiales de la banca transnacional y una especulación desenfrenada. La tasa de interés se torna altamente positiva y, consecuentemente, hace que el crédito se encarezca notablemente.

A las elevadas tasas de interés se le adicionará la reducción de los aranceles de importación, la subvaluación de las divisas externas, dentro del esquema de apertura de la economía, todo lo cual "hace que la articulación entre la actividad financiera y la producción industrial a través de la propiedad, cobre una importancia estratégica. Ella le permitió a las empresas transnacionales diversificadas, tener un acceso fluído a los recursos financieros en una etapa cuya carencia significó la quiebra o el cierre de numerosas empresas productivas. Dichos recursos fueron manejados por las mencionadas empresas transnacionales mediante múltiples mecanismos: créditos a empresas vinculadas, créditos cruzados, créditos a tasas preferenciales, etcétera. Los recursos obtenidos de esta forma por las empresas productivas, no necesariamente se utilizaban inmediatamente como capital de giro, ya que por tiempos más o menos prolongados, se invertían en la plaza financiera, a las tasas de interés de mercado, obteniendo ganancias financieras derivadas de las diferenciales de interés entre la toma y la colocación de fondos".[46]

2) Proceso desindustrializador

La ofensiva desindustrializadora lanzada por el gobierno militar ha sido arrolladora. Inédita. Su magnitud podrá percibirse si se señala que entre 1975 y 1982 el producto industrial cayó un 23 por ciento retrocediendo a niveles vigentes quince años atrás.

Como se ha mencionado anteriormente, esta situación trajo como consecuencia el cierre de establecimientos, expulsión de mano de obra, achicamiento del mercado interno, etcétera. Ello fue complementado con la apertura de las importaciones de artículos que la industria nacional proveía en condiciones normales en cuanto a precio y calidad.

3) La promoción industrial

En 1973 el Congreso Nacional promulgó la Ley 20.560 de promoción industrial cuyos beneficios estaban orientados a las pequeñas y medianas empresas, y se impedía a las firmas de capital extranjero acogerse a dicho régimen.

En julio de 1977 se dicta la ley 21.608 que deroga a la anterior y se apoya en la filosofía aperturista y eficientista que propiciaba la conducción económica. Naturalmente, las grandes empresas nacionales y las de capital extranjero, son las principales beneficiarias de la promoción. Los principales proyectos y las firmas se podrán apreciar en el cuadro 38, muchas de las cuales son analizadas en la sección Estudio de Casos del tomo 2.

La ley 21.608 consistió, fundamentalmente, en desgravaciones fiscales e impositivas; mediante estas disposiciones la inversión que debía realizar la empresa beneficiada por el sistema, era mínima y, naturalmente, sus beneficios máximos. Como era lógico suponer, también aquí se produce la concentración: 50 proyectos aprobados, representan el 73,5 por ciento, de la inversión.

En el mes de setiembre de 1986, un informe de la Dirección General Impositiva (DGI) arroja resultados que sorprenden a la opinión pública.

En primer término de un total de 2.014 empresas acogidas al régimen se pudo recoger información de sólo 576. No estaban localizadas 938 firmas en el padrón de la DGI; 149 no tienen domicilio localizable; 121 repetición de nombre...

De todos modos, digamos que según el informe de la DGI; el costo fiscal medido en Australes a precios de julio de 1986 fue en 1981 de 166,9 millones de Australes; en 1982 de 141,7 millones de igual moneda; en 1983 de 222 millones de Australes. La relación porcentual promedio ha sido del 2,6 por ciento del *costo fiscal,* sobre la recaudación total de la DGI.

El 28 de mayo de 1986 escribe en *Ambito Financiero* el señor Juan Aleman, ex Secretario de Hacienda, en la época del "proceso" y uno de los personajes que impusieron la ley 21.608; dice entre otras cosas: "Pero en realidad el costo fiscal es mayor aún del que calcula el FMI, porque muchos proyectos generan producciones desgravadas superiores a las previstas en el cálculo del cupo fiscal y además, el sistema provoca una fuerte evasión impositiva consistente básicamente en tres aspectos:

a) Sobrefacturación de insumos a las empresas promovidas por otras del mismo grupo económico, que de ese modo obtienen una traslación del beneficio.

b) Sobrefacturación de bienes de capital, con lo que se generan fondos negros que, en definitiva, paga el Fisco.

c) Facturación de productos fabricados en una empresa no promovida por una empresa desgravada".

Un sistema que en lugar de servir para la radicación de empresas en diferentes lugares del interior del país, ha servido para beneficiar a la clase dominante con cargo a las arcas fiscales.

4) Licuación de pasivos

La contracción del mercado interno, producto de la política retributiva que impuso el gobierno, a la que se adicionaba el encarecimiento del crédito interno, provocó una asfixia financiera en la mayoría de las empresas que las colocaba al borde de una falencia generalizada. Ello no era homogéneo pues muchas firmas estando presuntamente en "asfixia financiera", giraban sus capitales negros al exterior.

En julio de 1982, bajo la presidencia del Banco Central por parte de Domingo Cavallo, se produce lo que se ha dado en denominar la licuación de pasivos. "La reforma –al decir de D. Cavallo– monetaria y financiera, permitirá reactivar la economía y lograr el equilibrio externo y se llevará a cabo con todos los recaudos para mantener bajo control el proceso inflacionario".

Se congelaron los créditos al 30 de junio de 1982 y se les concedió una tasa de interés regulada, muy por debajo de la existente. Paralelamente se creaba una franja de interés libre.

Al mismo tiempo se procedía a una brusca devaluación cambiaria, lo que provocó un alza generalizada de precios.

De modo tal que los empresarios endeudados recibieron créditos, prácticamente de fomento, lo que les permitió en un lapso relativamente breve y al conjuro del proceso inflacionario, trasladar sus deudas al conjunto de la sociedad, lo cual fue un costo adicional que tuvieron que cargar los sectores con menores recursos. Esto es, en muy apretada síntesis, la licuación de los pasivos empresarios que, como de costumbre, benefició a los más poderosos.

5) La demanda del Estado

Es sabido que el Estado, para la realización de obras públicas, para la labor que desarrollan las empresas estatales, tiene una demanda potencial que alcanza a varios miles de millones de dólares.

En los años del "Proceso" el Estado estuvo muy activo en el papel de comprador de bienes y servicios, destinados básicamente a la inversión pública. Se generó una amplia demanda de equipos que se concentró, en su mayor medida, en los grupos empresarios ligados a las empresas transnacionales. Dichos equipos correspondían fundamentalmente a telefonía, petróleo, energéticos,nucleares, para gas y otros.

La política de privatización de empresas estatales, la aplicación de la denominada privatización periférica,que en definitiva resultó la cesión de actividades encaradas por el sector público a las empresas transnacionales y a los grupos económicos, generó una expansión real de sus negocios y beneficios. De tal modo que el Estado contrajo su actividad o directamente no la realizó para beneficiar a los grupos oligopólicos. La retracción de la actividad estatal se dio con mucha fuerza en el sector petrolero y es la razón principal del rápido crecimiento verificado en las empresas prividas vinculadas con el sector. Lo mismo puede decirse con respecto a Entel, Gas del Estado, etcétera, que restringieron sus actividades para cederlas al grupo privilegiado.

En el caso de la siderurgia, mientras se contrae la actividad de Somisa se produce en cambio una rápida expansión de Acindar –de la que José Martinez de Hoz es un fuerte accionista– que absorbe a Gurmendi-Santa Rosa y, al mismo tiempo, reorganiza su capacidad instalada. Algo similar sucede con Dálmine Siderca y Propulsora Siderúrgica, ambas pertenecientes, como se verá, al grupo Techint.

Pero la acción del Estado no se limitó a canalizar licitaciones para realizar las compras que necesitaba o restringir su actividad y la de las empresas estatales. El Estado mediante una política de subsidios perfectamente articulada, a través de la creación de un fondo especial, subsidió a los astilleros locales para la construcción de naves. Ello permitió que en poco tiempo el sector tuviera un auge considerable.

Mientras todo esto ocurría, el Estado intenta reorganizar la industria automotriz, mediante una ley especial sancionada en 1978. Luego, paradójicamente, facilitaría la importación de unidades terminadas lo que terminó por dislocar parcialmente al sector, del cual se retiraron General Motors, Citroen, Peugeot, Fiat y Chrysler; al mismo tiempo liquida definitivamente a la empresa estatal Industrias Mecánicas del Estado que había sido precursora en el rubro. La política específica del sector público utilizando su poder de demanda, ha favorecido también, el proceso de oligopolización de la economía nacional.

La tendencia a la oligopolización de la economía

El grupo de empresarios y financistas locales, nacionales y extranjeros que fugaron capitales al exterior –ya se ha visto que este fue su principal, pero no la única, apropiación del excedente y de parte del producto nacional– utilizando las amplias facilidades brindadas por el Estado, pasaron a concentrar bajo su control al mayor número de empresas posible, en un proceso de concentración horizontal y vertical.

"Los grupos económicos nacionales son sectores de origen local muy concentrados, con fuertes nexos con el capital financiero internacional. En la economía mundializada del presente, no hay grupos oligopólicos nacionales autónomos. Estos se vinculan al capital financiero internacional y, a la vez, son intermediarios de grupos nacionales más débiles en la asociación transnacional. El poder de cada grupo depende de su asociación internacional, pero también de su grado de autonomía".[47]

Con el endeudamiento externo, se financió además la compra de empresas, las fusiones, la adquisición de firmas en estado de falencia o ahogadas financieramente por la falta de crédito y se logró la consolidación de nuevos grupos y la expansión de aquellos constituídos anteriormente.

Los grupos económicos, en realidad los conglomerados, se han formado desde tiempo atrás pero han tomado auge y expansión en los últimos lustros y, especialmente, durante el proceso militar.

Como se podrá apreciar al analizar el estudio de casos, el grupo se ha formado alrededor de una empresa de alta rentabilidad y favorecida en su accionar por el Estado ya que opera en áreas donde éste puede desplegar fácilmente su tutela tales como: energía (petróleo, gas, energía atómica). comunicaciones, telefonía, construcción, electrônica, etcétera.

El grupo ingresa habitualmente al sistema financiero mediante la compra de un banco o la transformación de una financiera en banco, tales son los casos, por ejemplo, de Bridas, Roberts, Perez Companc, Garavaglio y Zorraquin, Massuh, etcétera, que se podrán examinar en el capítulo donde se analizan los diferentes grupos y empresas transnacionales.

El grupo, normalmente tiende a asociarse con el capital financiero internacional, tal como se ha señalado precedentemente, lo que le permitió ingresar al sistema transnacional, de allí que sus decisiones no siempre sean tomadas localmente y sólo se apoyan en la estructura existente en el país.

El crecimiento económico financiero de estos grupos, ligados al capital transnacional y de las principales empresas transnacionales radicadas en nuestro país, no se ha limitado al concluir el período de la dictadura militar. Por el contrario, con el advenimiento de la democracia, han sabido utilizar todo su amplio bagaje de herramientas para seguir usufructuando y ampliar su posición privilegiada; sus dirigentes son aquellos a los que se denomina "los capitanes de industria".

La existencia de estos poderosos grupos, que tanto favor oficial recibieron y, lamentablemente, aún continúan recibiendo, no garantiza de ninguna manera que ellos ofrezcan un impulso dinámico a la economía ni que tengan el mínimo interés en realizar aporte alguno para superar la prolongada recesión que viene soportando desde años nuestro país.

Ya hemos mencionado, reiteradamente, la tendencia del empresario argentino a la no inversión y a la evasión, cosa que estos oligopolios han llevado hasta su exaltación.

Ellos se han beneficiado con la postración económica nacional para incrementar su poderío; desplazando a los competidores más débiles o que no contaban con el calor oficial y los absorbían o los empujaban a la quiebra, despejando el camino para obtener beneficios en un mercado que se empequeñecía –y aún lo continúa haciendo– cotidianamente. Por otro lado absorbían aquellas empresas (en condiciones similares a las anteriormente descriptas) que complementaban sus actividades en otras áreas o bien se asociaban a ellas para cumplir los fines de su amplia diversificación.

Surge con toda evidencia que para los oligopolios el desarrollo econômico nacional no es una condición necesaria para su propia expansión. Y por ello no invierten en el país y continúan practicando la evasión. Y ello es así, porque los capitales fugados han entrado en el circuito financiero internacional, cuya tasa de rentabilidad, medida en divisas de libre convertibilidad, hace que la inversión en la Argentina no resulte brillante, ni siquiera interesante.

Cabría concluir que a estos "capitanes de industria", representantes de los oligopolios, no les interesa ni les preocupa un proceso de desarrollo y que la Argentina relance su actividad económica, más bien parecería todo lo contrario. Y la prueba de lo que decimos es muy simple, desde la instalación del gobierno democrático no han efectuado las necesarias o imprescindibles inversiones que requiere la reactivación económica aduciendo que las reglas del juego son poco claras, que la actitud oficial no inspira confianza. Argumentos inconsistentes.

Se puede inferir que **lo único que les preocupa es seguir usufructuando la tutela oficial, continuar con la especulación financiera, adquirir empresas estatales, las altamente rentables o estratégicas pero únicamente mediante subsidios o financiamiento que el Estado debe proveerles.**

Con esta política deliberadamente trazada, la economía nacional seguirá en el proceso recesivo del que no se avizora salida. De esta manera, los oligopolios ejercen su poder omnímodo para continuar sistemáticamente con su expansión y obtener la maximización de sus beneficios. Y proseguirán exigiendo nuevas y nuevas concesiones porque, en definitiva, lo único que les interesa es acentuar su poderío y profundizar la tendencia a la oligopolización de la economía argentina. La experiencia de lo que sucede bajo el gobierno constitucional, es sumente elocuente y convalida lo aquí señalado.

(Continúa y finaliza en el tomo 2)

NOTAS

1 *El financiamiento externo de América Latina;* Naciones Unidas, Nueva York, 1964, página 3.

2 *El financiamiento externo de América Latina,* op. cit.

3 *El financiamiento externo de América Latina,* op. cit.

4 *Las empresas transnacionales,* Fernando Fasnzylber y Trinidad Martínez Tarragó, Fondo de Cultura Económica, México, 1976.

5 Scobie James, R. "Una revolución agrícola en la Argentina" en Revista *Desarrollo Económico,* Buenos Aires, Vol. 1–2 (1963).

6 Beyhaut Gustvo, *Raíces contemporáneas de América Latina* Eudeba, Buenos Aires, 1964.

7 Rouquié, Alain, *Poder militar y sociedad política en la Argentina,* Tomo I, Editorial Emecé, Buenos Aires, 1983.

8 Di Tella Guido y Zymelman, Manuel, *Las etapas del desarrollo económico argentino,* Eudeba, Buenos Aires, 1967.

9 Vedoya, Juan Carlos, "Las vacas y el Pacto" en Revista *Todo es Historia* No. 78, Buenos Aires, Noviembre de 1973.

10 McGann, Thomas F., *Argentina, Estados Unidos y el sistema interamericano, 1880–1914,* Eudeba, Buenos Aires, 1960.

12 McGann, Thomas, F., op.cit.

13 Sábato, Jorge Federico, *Notas sobre la formación de la clase dominante en la Argentina moderna (1880–1914),* Buenos Aires 1979, Mimeo.

14 Liceaga, José V. *Las carnes en la economía argentina*, Editorial Raigal, Buenos Aires, 1952.

15 Peña, Milcíades, *Industrialización y clases dominantes en la Argentina,* Editorial Hyspamérica, Buenos Aires, 1968.

16 Sábato Jorge F., y Schvarzer, Jorge: *Funcionamiento de la economía y poder político en la Argentina: Trabas para la democracia,* mayo de 1983, mimeo.

17 Peña Milcíades: op. cit.

18 Nun, José; "América Latina: la crisis hegemónica y el golpe militar", en Revista *Desarrollo Económico,* vol. 22–23, julio/diciembre de 1966.

19 Liceaga, José V., op. cit.

20 Liceaga, José V., op.cit.

21 *El desarrollo económico de la Argentina*, op. cit.

22 Fodor, Jorge y O'Connell, Arturo, "La Argentina y la economía atlántica en la primera mitad del siglo XX", en *Desarrollo Eçonómico* No. 49, abril–junio 1973. Buenos Aires.

23 Caputo Leiva, Orlando. *América Latina: la crisis en las relaciones internacionales en la región*, UNAM de México, mimeo, octubre de 1984.

24 F. Fajnzylber. *Estrategia industrial e empresas internacionais. Pasisao relativa da America Latina e do Brasil,* Rio de Janeiro, 1971.

25 Lichtenzstejn Samuel, "De las políticas de estabilización a las políticas de ajuste", en *Economía de América Latina, 1er. Semestre* de 1984, CIDE/CET, Buenos Aires.

26 Peña Milcíades, op.cit.

27 F. Fajnzylber, y Trinidad Martínez Tarragó. op. cit.

28 Mauricio Vinhas de Queiros, Luciano Martins, José Antonio Pessoa de Queirós y Vera Wermeck en la Revista do Instituto de Ciencias Sociais, Rio de Janeiro, enero–diciembre de 1965

29 Lichtensztejn, Samuel, op.cit.

30 Oscar Braun, Características de la evolución del capitalismo monopolista en la Argentina, Editorial Tiempo Contemporáneo, Buenos Aires, 1970.

31 Frigerio, Rogelio, *Hacer el desarrollo o remendar la vieja estructura,* Editorial Desarrollo, Buenos Aires, 1965.

32 Sourrouille, Juan V. *El complejo automotor en la Argentina,* Ilet, México, 1981.

33 Alberti, Jorge y Castiglioni, Franco María, op.cit.

34 *Nacionalismo y orden constitucional*, Ferrer, Aldo, op.cit.

35 Revista "Síntesis de la Industria", Buenos Aires, 29 de agosto de 1968.

36 García Lupo, Rogelio, *Contra la ocupación extranjera*, Editorial Sudestada, Buenos Aires, 1968.

37 CEPAL, Estudio Económico de América Latina, 1970, citado por Carlos M. Vilas, *La dominación imperialista en Argentina*, Eudeba, Buenos Aires, 1974.

38 Altimir, Santamaría y Sourrouille, "Los instrumentos de promoción industrial en la posguerra", Revista *Desarrollo Económico No. 27.*

39 *Memoria* 29–3–1976, 29–3–81, Ministerio de Economía, Tomo I, pág. 54.

40 *"Memoria..."*, op.cit.

41 Basualdo, Eduardo, "La integración y diversificación empresarial, rasgo predominante del poder transnacional en la Argentina", CET/IPAL.

42 Dumas, Federico J., Subsecretario de Inversiones Extranjeras. Boletín Semanal No. 310, del 5/XI/79.

43 "Las empresas transnacionales en la Argentina", D. Azpiazu, B. Kosacoff y otros. CEPAL 1985, op.cit.

44 Ferrer, Aldo, *Nacionalismo y orden constitucional*, Editorial Fondo de Cultura Económica, Buenos Aires, 1981.

45 Calcagno, Alfredo E., *La perversa deuda externa argentina*, Editorial Legasa, Buenos Aires, 1985.

46 Basualdo, Eduardo, "Tendencias y transformaciones del capital extranjero en la industria argentina: 1973–1983", mayo de 1985. CET/IPAL, mimeo.

47 Abalo, Carlos, "La batalla financiera", en *El Periodista* No. 113, Buenos Aires, 7 de noviembre de 1986.

CUADRO Nº1

Inversiones inglesas en países seleccionados de América Latina: 1865-1913 (en millones de libras esterlinas)

	1865	1875	1885	1895	1905	1913
ARGENTINA						
Inversiones tot.	2,7	22,6	46,0	190,9	253,6	479,8
Préstamos	2,2	16,5	26,7	90,6	101,0	184,6*
Préstamos (% del total)	81%	73%	58%	47%	40%	38%
BRASIL						
Inversiones tot.	20,3	30,9	47,6	93,0	124,4	254,8
Préstamos	13,0	20,4	23,2	52,4	83,3	119,6
Préstamos (% del total)	64%	66%	49%	56%	67%	47%
CHILE						
Inversiones tot.	3,2	10,0	10,1	32,4	42,1	76,1
Préstamos	2,3	8,3	7,6	13,7	17,6	35,6
Préstamos (% del total)	72%	83%	75%	42%	42%	47%
MEXICO						
Inversiones tot.	25,6	28,4	40,8	93,6	119,5	132,1
Préstamos	23,5	23,5	25,1	35,4	57,8	45,5
Préstamos (% del total)	92%	83%	62%	38%	48%	34%
PERU						
Inversiones tot.	3,9	36,2	36,6	22,3	22,5	29,7
Préstamos	3,7	33,5	31,8	--	--	1,3
Préstamos (% del total)	95%	93%	87%	0%	0%	4%
CUBA						
Inversiones tot.	3,0	1,6	16,9	35,2	21,6	45,9
Préstamos	0,6	---	15,4	31,8	7,2	10,0
Préstamos (%/ del total)	20%	0%	91%	90%	33%	22%
AMERICA LATINA						
Inversiones tot.	80,9	174,6	250,5	552,5	688,5	1179,9
Préstamos	61,8	129,4	161,2	262,4	307,8	445,5
Préstamos (% del total)	76%	74%	64%	47%	45%	38%

* Esta cifra es una sobreestimación y debe ser reducida en por lo menos 40 millones de libras.

FUENTE: "Perspectivas históricas sobre el imperialismo financiero en América Latina", Carlos Marichal en "Revista Economía de América Latina", CIDE, México, Marzo 1980.

CUADRO N°2

REINO UNIDO: Distribución geográfica de las inversiones en América Latina. 1880-1913. (Porcentajes del total regional).

	1880	1890	1913
I. Distribución entre las principales regiones geográficas			
América Central	22,8	23,9	21,7
América del Sur	69,4	73,2	72,6
Inversiones no distribuidas	7,8	3,9	5,7
	100,0	100,0	100,0
II. Distribución geográfica conforme a la principal actividad económica del país beneficiario:			
Países exportadores de productos tropicales (a)	28,5	26,6	29,6
Países exportadores de productos minerales (b)	43,6	23,8	23,9
Países exportadores de productos de zona templada (c)	16,0	43,4	40,0
Venezuela	4,1	2,3	0,8
Inversiones no distribuidas	7,8	3,9	5,7
	100,0	100,0	100,0
III. Distribución geográfica según la magnitud económica de los países beneficiarios:			
Argentina, Brasil y México	50,0	66,0	72,0
Colombia, Chile, Perú y Venezuela	30,5	13,2	10,2
Bolivia, Costa Rica, Cuba, El Salvador, Ecuador, Haití, Honduras, Nicaragua, Panamá, Paraguay, República Dominicana y Uruguay	11,7	16,9	12,1
Inversiones no distribuidas	7,8	3,9	5,7
	100,0	100,0	100,0

FUENTE: "El financiamiento externo de América Latina", op.cit.

(a) Brasil, Colombia, Costa Rica, Cuba, El Salvador, Ecuador, Guatemala, Haití, Honduras, Nicaragua, Panamá y República Dominicana.

(b) Bolivia, Chile, Perú y México.

(c) Argentina, Paraguay y Uruguay.

CUADRO N°3

FRANCIA: Inversiones en América Latina, 1902 y 1913. (Millones de francos).

País o región	Total		Valores Públicos		Ferrocarriles		Otras inversiones	
	1902	1913(a)	1902	1913(a)	1902	1913(a)	1902	1913(a)
Argentina	923	2000	310	640	100	601	513	759
Brasil	696	3500	490	880	40	1391	166	1229
México	300	2000	--	750	--	195	300	1055
Resto América Latina	1334	875	161	321	18	16	1155	538
TOTAL	3253	8375	961	2591	158	2203	2134	3581

FUENTE: "El financiamiento externo de América Latina", op.cit.

(a) Las cifras corresponden a los valores nominales de los valores latinoamericanos inscriptos al término del año en las listas de la Bolsa de Valores de París.

CUADRO Nº4

ALEMANIA: Inversiones en América Latina (millones de Marcos)

	1898		1904	
América Latina	2370	2970	2880	3350
América Central, Costa Septentrional de América del Sur y Antillas	1000	1250	1080	1200
Costa Occidental de América del Sur	370	420	500	550
Costa Oriental de América del Sur	1000	1300	1300	1600

FUENTE: "El financiamiento externo de América Latina", op.cit.

CUADRO Nº5

ESTADOS UNIDOS: Inversiones directas en América Latina por países, 1897-1914. (Totales en millones de dólares al fin del año)

Región y país	1897	1908	1914
Países del Caribe	45,0	190,2	274,0
Cuba	43,5	184,1	252,6
Haití	--	5,0	10,4
República Dominicana	1,5	1,0	11,0
México y América Central	221,4	454,3	676,7
México	200,2	416,4	587,1
Costa Rica	3,5	17,0	21,6
El Salvador	--	1,8	6,6
Guatemala	6,0	10,0	35,8
Honduras	2,0	2,0	9,5
Nicaragua	--	1,0	3,4
Panamá	9,7	6,1	12,7
América del Sur	37,9	104,3	325,1
Argentina	0,7	1,0	1,2
Bolivia	--	--	2,0
Brasil	1,0	--	3,0
Colombia	9,2	10,8	24,0
Chile	1,0	31,0	170,8
Ecuador	3,0	6,0	7,6
Paraguay	--	--	5,0
Perú	7,0	23,0	58,0
Uruguay	--	--	--
Venezuela	2,0	3,5	6,5
Sin distribuir por países	14,0	29,0	47,0
TOTAL	304,3	748,8	1275,8

FUENTE: "El financiamiento externo de América Latina", op.cit.

CUADRO N°6

ESTADOS UNIDOS: Distribución geográfica de sus inversiones en América Latina, 1897-1914. (porcentajes).

	1897	1908	1914
I. Distribución de las inversiones de cartera y directas de los EE.UU. por sectores geográficos			
Países del Caribe............	14,8	20,3	20,0
México y América Central.....	72,8	67,7	57,7
América del Sur..............	12,4	12,0	22,3
	100,0	100,0	100,0
II. Distribución de las inversiones directas de los EE.UU. por sectores geográficos:			
Países del Caribe............	14,8	25,4	21,5
Cuba.....................	14,3	24,6	19,8
Otros....................	0,5	0,8	1,7
México y América Central.....	72,8	60,7	53,0
México...................	65,8	55,6	46,0
América Central..........	7,0	5,1	7,0
América del Sur..........	12,4	13,9	25,5
	100,0	100,0	100,0
III. Distribución de las inversiones directas de los EE.UU. según la actividad económica principal de los países beneficiarios:			
Países exportadores de productos tropicales..............	30,3	32,7	31,2
Países exportadores de productos minerales...............	68,4	62,8	64,1
Países exportadores de productos agrícolas de zona templada.	0,2	0,1	0,5
Venezuela....................	0,7	0,5	0,5
Sin distribuir por países.....	7,6	3,9	3,7
	100,0	100,0	100,0

FUENTE: "El financiamiento externo de América Latina", op.cit.

CUADRO N°7

ESTADOS UNIDOS: Inversiones directas en América Latina, por sectores, 1897-1914. (Totales en millones de dólares al fin del año).

Sector de la economía	1897 Total	1897 %	1908 Total	1908 %	1914 Total	1914 %
Agricultura................	56,5	18,6	158,2	21,1	238,5	18,7
Azúcar...................	24,0		57,0		115,0	
Frutas...................	8,5		28,2		57,5	
Otros productos..........	24,0		73,0		66,0	
Minería y fundición........	79,0	26,0	302,6	40,4	552,2	43,3
Minerales nobles y piedras preciosas..............	58,0		141,6		176,2	
Minerales industriales....	21,0		161,0		376,0	
Petróleo...................	10,5	3,5	68,0	9,1	130,0	10,2
Producción...............	3,5		55,0		107,0	
Distribución.............	7,0		13,0		23,0	
Ferrocarriles..............	129,7	42,6	110,0	14,7	175,7	13,8
Empresas de servicio público	10,1	3,3	51,5	6,9	98,4	7,7
Manufacturas...............	3,0	1,0	30,0	4,0	37,0	2,9
Comercio...................	13,5	4,4	23,5	3,1	33,5	2,6
Varios.....................	2,0	0,6	5,0	0,7	10,5	0,8
TOTAL....................	304,3	100,0	748,8	100,0	1275,8	100,0

FUENTE: "El financiamiento externo de América Latin op.cit.

CUADRO N°8

AMERICA LATINA: Inversiones privadas extranjeras, por sectores, a fines de 1914. (En millones de dólares (a))

Sectores	Reino Unido	Francia	Alemania	Estados Unidos	Otros y sin distribuir por países acreedores	Total	B. Distribución en porcentajes
Agricultura........	12	---	---	239	4	255	3,4
Minería............	101	3	---	415	11	530	7,1
Petróleo...........	4	---	---	136	---	140	1,9
Ferrocarriles......	1667	152	15	305	203	2342	30,9
Empresas de servicio público........	546	17	75	127	149	914	12,0
Industria manufacturera............	83	---	---	17	462	562	7,4
Comercio...........	2	---	---	34	449	485	6,4
Otros y sin distribuir por sectores..	1170	539	230	121	281	2341	30,9
Total............	3585	711	320	1394	1559	7569	100,0

FUENTE: "El financiamiento externo de América Latina", op.cit.

(a) Cuando la deuda estaba expresada en monedas europeas o latinoamericanas, fue convertida en dólares a la paridad de cambio del oro a fines de 1914.

CUADRO N°9

Capital Extranjero invertido hacia 1910 (Distribución sectorial) (en miles de pesos oro)

Empréstitos y títulos del gobierno	$ 691.831
Ferrocarriles	804.403
Bancos	37.511
Puertos	22.164
Transporte tranviario	91.576
Frigoríficos	8.392
Gas, electricidad, aguas corrientes y servicios sanitarios	58.035
Compañías de tierras é hipotecas	150.059
Compañías varias	41.650
Compañías comerciales y de crédito	200.000
Total	2.256.631

FUENTE: W.Beveraggi Allende: "El servicio del capital extranjero y el control de cambios" F.C.Económica,México,1954.

CUADRO 10

Empresas extranjeras de servicio público nacionalizadas entre 1946 y 1948 (en millones de u$s)

Servicio	Origen de capital	Concepto	Millones de u$s
Teléfonos	EE.UU.	Transferencia	110,6
Transporte de Buenos Aires	Gran Bretaña	Indemnización	50,0
Servicio de Gas (Ciudad de Bs.As.)	Gran Bretaña	Estimación	36,0
Servicio de Gas (Pcia.de Bs.As.)	Gran Bretaña	Estimación	1,5
Puertos	G.Bretaña/ Francia	Estimación	19,1
Servicios municipales (Rosario)	Gran Bretaña	Transferencia	8,8
Electricidad	EE.UU.	Estimación	14,6
Total			**240,6**

FUENTE: "El desarrollo económico de la Argentina", Anexo VII de <u>Las inversiones extranjeras en la Argentina,</u> CEPAL, Buenos Aires, 1958.

CUADRO 11
ARGENTINA: PRINCIPALES RUBORS DE LAS INVERSIONES EXTRANJERAS, 1909-49

(en millones de dólares, a precios de 1950)

Años	Ferrocarriles	Inversiones misceláneas: Reino Unido	Estados Unidos	Otros	Total	Valores Públicos	Total General
1909	1.874	...	...	...	1.764	1.612	5.250
1913	2.724	955	99	2.741	3.795	1.711	8.230
1917	2.625	950	144	2.697	3.791	1.564	7.980
1923	2.606	888	199	2.123	3.210	1.284	7.100
1927	2.592	985	576	1.804	3.365	1.623	7.580
1931	2.735	924	749	1.750	3.423	1.482	7.640
1934	2.201	768	713	1.675	3.156	1.563	6.920
1940	1.855	652	685	1.454	2.791	924	5.570
1945	1.623	486	601	1.052	2.139	498	4.260
1949	...	313	447	956	1.716	24	1.740

<u>FUENTE</u>: "El desarrollo económico de la Argentina", Anexo VII de **Las inversiones extranjeras en la Argentina**. CEPAL, Buenos Aires, 1958.

CUADRO 12

ARGENTINA: CAPITAL EXTRANJERO EN PORCIENTO DEL CAPITAL FIJO TOTAL, 1900-55

Años	Capital nacional	Capital extranjero	Capital fijo total	Capital extranjero en porciento del capital fijo
	(Millones de dólares a precios de 1950)			
1900	4.327	2.020	6.347	31,8
1909	7.716	5.250	12.966	40,5
1913	9.007	8.230	17.237	47,7
1917	9.537	7.980	17.517	45,6
1920	10.164	7.300	17.464	41,8
1923	11.961	7.100	19.061	37,2
1927	14.450	7.580	22.030	34,4
1929	16.639	7.835	24.474	32,0
1931	17.942	7.640	25.582	30,0
1934	18.559	6.920	25.479	27,2
1940	21.795	5.570	27.365	20,4
1945	23.394	4.260	27.654	15,4
1949	30.378	1.740	32.118	5,4
1953	33.279	1.870	35.149	5,3
1955	34.924	1.860	36.784	5,1
1957	35.753	2.247	38.000	5,9

FUENTE: "El desarrollo económico en la Argentina", op.cit.

CUADRO 13

ARGENTINA: MOVIMIENTOS DE CAPITAL Y PAGOS EXTERIORES 1900-55 (Millones de dólares de 1950)

Promedios anuales	Entrada de capital a largo plazo			Salida de capital a largo plazo			Remesas de intereses y utilidades		
	Total	Público	Privado	Total	Público	Privado	Total	Público	Privado
1900-04	200	...	...	(a)	...	...	264	...	...
1905-09	450	...	...	(a)	...	...	392	...	...
1910-14	657	...	...	(a)	...	...	524	...	...
1915-19	103	83	21	162	128	35	304	102	202
1920-24	144	104	40	73	52	21	254	82	172
1925-29	199	119	80	...	...	...	448	126	322
1930-34	231	136	95	110	42	67	510	206	304
1935-39	158	28	130	124	99	25	466	168	298
1940-44	107	3	104	75	65	10	307	103	204
1945-49	11	...	11	287	214	73	122	23	98
1950-54	67	...	67	11	8	4	14	2	12
1955	32	...	32	17	14	3	17	...	17

(a) Para los años 1900-13, el movimiento de capital a largo plazo es indicado en términos netos en la columna de entradas.

CUADRO 14

ARGENTINA: CAPITALES EXTRANJEROS POR RAMA DE ACTIVIDAD ECONOMICA EN 1949 Y 1955 (*)

(en millones de pesos y %)

	1949		1955	
A. Inversiones por rama de actividad	mill.$	%	mill.$	%
Empresas de Servicio público	1.496	20,0	2.307	3,1
Actividades primarias	194	2,6	950	5,4
Industria de transformación	2.198	29,4	5.393	30,7
Comercio	712	9,5	2.312	13,1
Bancos, etc.	270	3,6	378	3,2
Financieras y seguros	680	9,1	1.398	7,9
Empresas diversas	312	4,1	405	2,3
Subtotal	5.862	78,3	13.143	74,7
B. Otras Inversiones				
Valores públicos	231	3.1	230	1,3
Depósitos	1.033	13,8	3.533	20,1
Inmuebles	234	3,1	162	0,9
Hipotecas, etc.	25	0,3	450(**)	2,6
Otras inversiones	101	1,4	72	0,4
Subtotal	1.624	21,7	4.447	25,3.
TOTAL	7.486	100,0	17.590	100,0

(*) La cifras se refieren al capital, préstamos y obligaciones y debentures.
(**) Préstamos

FUENTE: "El desarrollo económico de la Argentina", Anexo VII de **Las inversiones extranjeras en la Argentina**, CEPAL, Buenos Aires, 1958.

CUADRO 15
ARGENTINA: INVERSIONES EXTRANJERAS EN LA PRODUCCION DE BIENES EN 1949 Y 1955
(en millones de pesos y %)

	1949		1955	
	mill.$	%	mill.$	%
A. PRODUCCION AGROPECUARIA E INDUSTRIAS AFINES				
1.Actividades agropecuarias	143,1		314,6	
2.Industrias agrícolas y forestales	88,5		281,7	
3.Frigoríficos y subproductos ganaderos	158,0		216,2	
Subtotal	389,6	16,3	812,5	12,8
B. INDUSTRIA PETROLERA Y MINERIA				
1.Industria petrolera	227,0		469,8	
2.Extracción de minerales no ferrosos	51,3		238,4	
Subtotal	278,3	11,6	708,2	11,3
C. BIENES DE CONSUMO				
1.Industrias alimenticias y bebidas	447,0		672,1	
2.Tabacaleras	59,3		162,2	
3.Textiles	209,9		322,4	
4.Productos medicinales y afines	...		493,3	
5.Artículos eléctricos	43,4		296,5	
6.Caucho, pintura y barnices	124,0		228,7	
Subtotal	883,6	36,9	2.175,2	34,3
D. BIENES DE INVERSION Y QUIMICA INDUSTRIAL				
1.Metalurgia, maquinaria y afines	344,8		847,4	
2.Productos químicos industriales	301,0		606,3	
3.Materiales para la construcción, vidrio y plástico	88,5		690,2	
Subtotal	734,3	30,7	2.143,9	33,8
E. OTROS PRODUCTOS	106,6	4,5	493,4	7,8
TOTAL	2.692,4	100,0	6.343,4	100,0

FUENTE: "El desarrollo económico en la Argentina", CEPAL, 1958

CUADRO 16: Cuota parte de las exportaciones de manufacturas (en porcentajes)

	1913(1)	1950(1)	1971(2)
EE.UU.	13,0	26,6	14,0
Reino Unido	30,2	24,6	7,2
Alemania (*)	26,6	7,0	12,5

FUENTES:

(*) 1950 Y 1971 se refiere a Alemania Occidental.

(1) H.Magdoff. "La era del imperialismo", 1969.

(2) ONU. Departamento de Asuntos Económicos y Sociales. Las Corporaciones Multinacionales en el desarrollo Mundial (Nueva York: Naciones Unidas, agosto 1973).

CUADRO 17: Composición de las fusiones en Estados Unidos (en porcentajes)

Tipo	1948-51	1952-55	1956-59	1960-63	1968
Vertical	20,5	11,2	19,7	24,1	6,8
Horizontal	41.4	36,3	26,9	13,3	12,1
Conglomerado	38,1	52,5	53,4	62,6	90.7

FUENTE: Revista Fortune, febrero 1969, citado por Carlos Vilas y Oscar Silva en "Las empresas multinacionales", Crisis, Buenos Aires, 1975.

CUADRO 18: Posición relativa de las inversiones norteamericanas en el exterior (en porcentajes)

	1914	1960	1971
Reino Unido	50,3	24,5	14,5
Francia	22,2	4,7	5,8
Alemania Federal	17,3	1,1	4,4
Estados Unidos	6,3	59,1	52,1
Otros	3,9	10,6	23,2
Total	100,0	100,0	100,0

FUENTE: O.N.U., Departamento de Asuntos Económicos, op.cit.

CUADRO 19: Inversión directa de Estados Unidos
(en porcientos)

	1950	1960	1970	1980	1983
Total mundial	100,0	100,0	100,0	100,0	100,0
Países desarrollados	48,3	60,6	68,7	73,5	75,0
Países en desarrollo	48,7	34,9	25,4	24,7	22,5
América Latina	37,7	23,5	14,7	12,3	12,8

CUADRO 20: Participación de la inversión directa de EE.UU. en la inversión directa total en los países latinoamericanos (en porcentajes)

	1967	1973	1976	1977	1978
Argentina	42,7	46,7	60,7	44,3	42,5
Brasil	25,7	38,7	59,5	53,2	51,5
México	80,0	77,1	64,0	63,1	60,6
América Latina	57,8	61,1	54,1	54,3	52,5

FUENTE: Bitar Sergio. "Corporaciones transnacionales y las nuevas relaciones de América Latina con Estados Unidos en Economía de América Latina, 1er. semestre de 1984, Buenos Aires, CIDE/CET.

CUADRO 21: Composición de la inversión directa acumulada de los EE.UU. en América Latina por sectores
(En porcentajes)

	1950	1960	1970	1980
Minería	14,1	15,3	11,4	4,9
Petróleo	27,7	35,6	20,8	11,5
Manufacturas	17,5	20,1	38,1	53,2
Comercio	5,4	9,0	8,6	10,7
Financ. y Bancos	–	–	10,1	13,7
Otros	35,1	19,0	11,0	5,9

FUENTE: Sergio Bitar, op.cit.

CUADRO 22: Inversión directa de Estados Unidos en el Sector manufacturero y total de sectores en América Latina.

(cifras en millones de dólares corrientes)

	SECTOR MANUFACTURERO				TODOS LOS SECTORES			
	1950	1970	1975	1980	1950	1970	1975	1980
Argentina	161	669	764	1.584	356	1.022	1.154	2.540
Brasil	284	1.075	3.106	5.145	664	1.526	4.363	7.704
México	138	1.380	2.442	4.489	415	1.912	3.200	5.986
SUBTOTAL	578	3.124	6.312	11.218	1.415	4.460	8.917	16.230
A.LATINA	780	4.227	8.022	14.104	4.445	11.104	16.384	26.535

FUENTE: Elaboración propia en base a "Selección de Estadísticas básicas" op.cit.

CUADRO 23: Rentabilidad de las inversiones directas de los EE.UU. en la Argentina

Año	Porcentaje	Año	Porcentaje
1955	6,4	1966	13,9
1956	3,6	1967	7,7
1957	6,2	1968	11,6
1958	3,6	1969	12,1
1959	7,3	1970	8,4
1960	12,6	1971	6,2
1961	22,5	1972	6,6
1962	11,1	1973	5,2
1963	6,5		
1964	15,1		

FUENTE: Azpiazu Daniel y B. Kosacoff: "Las empresas transnacionales en la Argentina", CEPAL, agosto 1985

CUADRO 24: Beneficios obtenidos por el conjunto de inversiones norteamericanas en la Argentina 1958/69 en millones de dólares

Años	Inversiones al fin del año anterior	Beneficios netos Total	Remitidos al exterior	Reinvertidos
1958	333	14	7	7
1959	330	24	11	13
1960	360	46	10	36
1961	472	86	34	52
1962	656	80	45	35
1963	799	52	57	–
1964	829	91	64	27
1965	882	133	50	83
1966	992	128	67	61
1967	1.035	80	89	–
1968	1.082	126	94	32
1969	1.156	136	115	24

FUENTE: Fiel, "Las inversiones extranjeras en la Argentina".

CUADRO 25: Utilidades como porcentaje del patrimonio

	1963	1964	1965	1966	1967	1968
S.A.Extranjeras	8	16	20	18	12	13
S.A.Nacionales	7	12	18	14	10	9

FUENTE: Balances individuales de Sociedades Anónimas, compilado por Sourrouille, op.cit.

CUADRO 26: Participación de las empresas transnacionales en el valor de producción según sectores industriales y estratos de concentración - 1973

Sectores	Total	ESTRATOS RAC	RMC	REC	Resto
Alimentos, bebidas y tabaco	23,1	48,3	11,9	11,3	26,8
Textiles, confecc. y cuero	14,4	28,0	19,4	5,2	4,3
Madera y muebles	3,4	22,7	-	0,1	2,2
Papel imprenta y publicaciones	20,8	36,2	3,1	6,4	-
Industrias químicas	43,0	39,3	54,8	41,1	46,8
Minerales no metálicos	28,2	36,9	24,8	-	21,2
Ind.metal. básicas	28,3	26,8	36,6	-	-
Prod.metálicos, maq.y equipos	46,3	78,0	25,2	21,8	33,6
Total	30,8	47,9	23,1	15,4	22,9

FUENTE: "Las empresas transnacionales...", CEPAL, op.cit.
RAC = Ramas Altamente Concentradas
RMC = Ramas Medianamente Concentradas
REC = Ramas Escasamente Concentradas

CUADRO 27: Ley 21.382 - Inversiones extranjeras existentes por sector de destino al 28 de agosto de 1976

Sector de destino	Inversion en U$S	%
Construcción de material de transporte	329.668.958	9.4120
Otras industrias manufactureras	269.072.504	7.6820
Establecimientos financieros	266.047.709	7.5957
Fabricación de otros productos químicos	237.432.164	6.7787
Refinerías de petróleo	237.153.345	6.7707
Construcción de maquinarias, aparatos acc. y sum. electr.	200.916.407	5.7362
Comercio al por mayor	174.194.642	4.9733
Fabr. de prod. metálicos, exc. máq. y equipos	173.780.731	4.9614
Electricidad, gas y vapor	158.336.854	4.5205
Fabricación de textiles	141.982.846	4.0536
Industria de bebidas	136.668.667	3.9019
Fabr. de sustancias químicas e industriales	126.608.737	3.0147
Fabr. de productos de caucho	116.986.716	3.3400
Const. de maquinarias exceptuando la eléctrica	74.076.069	2.1149
Serv. prestados a empresas, excepto alquiler de maq. y equipos	73.999.479	2.1127
Fabr. de productos alimenticios excepto bebidas	73.140.291	2.0882
Producción agropecuaria	70.424.909	2.0106
Ind. básicas de metales no ferrosos	68.543.021	1.9569
Construcción	60.833.914	1.7363
Fabr. de prod. derivados del petróleo y carbón	56.951.511	1.6260
Industrias basicas de hierro y acero	56.664.502	1.6178
Industria del tabaco	56.091.918	1.6014
Extracción de minerales metálicos	35.715.350	1.0197
Fabr. de otros productos minerales no metálicos	33.166.904	0.9469
Fabr. de vidrio y productos de vidrio	31.885.676	0.9103
Comercio al por menor	31.527.681	0.9001
Alquiler y arrendamiento de maquinaria y equipo	25.549.012	0.7294
Serv.médicos y odontológicos,otros serv.sanit. y veterinarios	25.337.953	0.7234
Fabr. de productos plásticos	22.774.865	0.6502
Comunicaciones	17.830.073	0.5090
Imprentas, editoriales e industrias conexas	16.864.107	0.4815
Bienes inmuebles	16.492.501	0.4709
Producción de petróleo crudo y gas natural	11.908.309	0.3400
Seguros	11.613.026	0.3316
Fabricación de papel y productos de papel	10.059.745	0.2872
Ind. del cuero y prod. y sucedáneos de cuero y pieles	9.236.997	0.2837
Hotelería	5.469.271	0.1561
Fab. de equipos profesionales,cientificos,medida,foto,óptica	4.659.974	0.1330
Extracción de otros minerales	4.463.855	0.1274
Fab. de muebles y accesorios, excepto metálicos	4.358.322	0.1244
Fab. de calzado, exc. de caucho o plástico	3.834.809	0.1095
Fabricación de prendas de vestir	3.745.746	0.1069
Caza y repoblación de animales	3.153.038	0.0900
Obras hidraúlicas y suministro de agua	2.216.967	0.0633
Servicios conexos del transporte	2.107.418	0.0602
Transporte marítimo	2.069.527	0.0591
Fabr. y venta de prod. de tocador y cosmética	1.712.391	0.0489
Fabr. de objeto de barro, loza y porcelana	1.697.024	0.0485
Películas cinematográficas y otros serv. de esparcimiento	1.115.481	0.0318
Otros	2.487.202	0.0710
TOTAL	3.502.629.118	100

FUENTE: Ministerio de Economía, Boletín Semanal N°310 del 5/XI/1979.

CUADRO 28: Ley 21.382 - Inversiones extranjeras existentes por país de origen al 28/8/76

País	Inversión en U$S	%
Estados Unidos de América	1.395.388.835	39.838327
Suiza	428.075.627	12.247247
Reino Unido	272.514.861	7.780295
Holanda	219.391.808	6.263362
Francia	206.159.165	5.885841
Alemania Occidental	203.677.357	5.814985
Canadá	148.002.442	4.227180
Italia	128.046.477	3.655724
Luxenburgo	117.676.699	3.369668
Panamá	105.144.381	2.999015
Suecia	82.614.911	2.358654
Bélgica	52.061.364	1.486351
Liechtenstein	23.472.379	0.670138
Colombia	22.043.055	0.629329
España	17.085.288	0.487785
Brasil	16.889.038	0.482182
Japón	14.659.410	0.418526
Bermudas	14.589.055	0.416517
Venezuela	10.090.180	0.288074
Uruguay	7.929.562	0.226389
Antillas Holandesas	5.849.370	0.166999
Bolivia	2.604.500	0.074358
Dinamarca	1.734.915	0.049532
Austria	1.623.228	0.046343
Nueva Zelandia	898.584	0.025662
México	761.531	0.021842
Hong Kong	536.617	0.016748
Checoslovaquia	483.403.	0.013801
Finlandia	474.914	0.013560
Surinam (Guy. Holandesa)	462.651	0.013209
Chile	355.313	0.010244
Noruega	323.236	0.009228
Israel	91.195	0.002604
Perú	7.737	0.000283
TOTAL	**3.502.629.118**	**100**

FUENTE: Ministerio de Economía, Boletín Semanal N°310 5/XI/79

CUADRO 29: Cantidad de empresas transnacionales, número de subsidiarias controladas e I.E.D. acumulada según país de origen

Paises de origen de las E.T.	Número de E.T.	Número de Subsidia-rias	I.E.D.acumulada Millones u$s Agosto 1976
TOTAL	**580**	**1.610**	**3.505**
Estados Unidos	269	604	1.500*
Inglaterra	74	259	272
Alemania	59	164	204
Italia	20	121	128
Francia	39	156	206
Holanda	15	39	219
Canadá	15	35	148
Suiza	26	68	428
Bélgica	15	85	170
España	9	19	17
Suecia	24	41	83
Japón	6	6	15
Austria	4	7	2
Dinamarca	5	6	2
I.E.D. de inversores dispersos			111

* Incluye las inversiones efectuadas desde Panamá.

FUENTE: Basualdo, Eduardo, op.cit.

CUADRO 30: Inversiones extranjeras aprobadas 1977/1983.
(cifras en millones de dólares corrientes)

AÑOS	Inversiones totales	Reinversión utilidades	Aportes de capital	Capitalización de créditos	Aportes Automáticos
1977	268.9	146.4	40.5	80.6	1.4
1978	392.1	123.3	201.5	55.5	11.7
1979	659.4	181.6	374.5	86.4	17.0
1980	1154.4	391.2	635.2	30.1	97.9
1981	1423.9	344.3	797.6	96.6	185.3
1982	570.1	154.1	253.7	71.1	91.1
1983	318.9	156.3	138.7	9.8	14.0
TOTALES:	**4787.7**	**1497.2**	**2441.7**	**430.1**	**418.4**

Resumen final 1977/1983

Aportes de capital	2.441,7
Reinversión de utilidades	1.497,2
Capitalización de créditos	430,1
Aportes automáticos	418,4
Inversiones totales	**4.787,4**

FUENTE: Elaboración propia en base a datos de la Dirección de Inversiones Extranjeras, Ministerio de Economía.

CUADRO Nº 31

Inversiones extranjeras por sector de destino (en u$s) desde 1°-3-77 al 31-12-83

Sector	Aprobadas A.C.	Aprobadas C.C.	Aprobadas Total	En trámite A.C.	En trámite C.C.	En trámite Total	Total A.C.	Total C.C.	Total Total
Prod. de gas y petróleo	702.319.184	–	702.319.184	–	–	–	702.319.184	–	702.319.184
Automotor	328.413.282	167.028.004	495.441.286	–	–	–	328.413.282	167.028.004	495.441.286
Ent. financ./bancos	473.568.941	–	473.568.941	7.652.930	–	7.652.930	481.221.871	–	481.221.871
Maquinarias y equipos	126.377.041	47.060.340	173.437.381	535.643	11.902.778	12.438.421	126.912.684	59.963.118	185.875.802
Petroquímica	167.495.000	5.500.000	172.995.000	–	–	–	167.495.000	5.500.000	172.995.000
Alimentac. bebidas y tabaco	99.765.228	38.525.929	138.291.157	24.932	7.229.520	7.254.452	99.790.160	45.755.449	145.545.609
Productos químicos	82.220.155	16.908.957	99.129.112	6.500.000	6.080.000	12.580.000	88.720.155	22.988.957	111.709.112
Prod. farmac. perfumería	46.088.460	35.087.997	81.176.457	24.488	195.527	220.015	46.112.948	35.283.524	81.396.472
Comercialización	58.480.510	10.828.030	69.308.540	19.756	6.317.775	6.337.531	58.500.266	17.145.805	75.646.071
Servicios	54.030.048	12.522.617	66.552.665	19.252	734.452	753.704	54.049.300	13.257.069	67.306.369
Otras industrias	33.099.543	13.512.801	46.612.344	2.139.559	4.802.822	6.942.381	35.239.102	18.315.623	53.554.725
Construcción	25.902.407	23.507.737	49.410.144	19.396	189.086	208.482	25.921.803	23.696.823	49.618.626
Pesca	28.255.038	10.769.175	39.024.213	5.268.000	–	5.268.000	33.523.038	10.769.175	44.292.213
Metalúrgico	29.498.325	12.908.318	42.406.643	–	–	–	29.498.325	12.908.723	42.406.643
Autopartes	21.692.561	12.440.518	34.133.079	–	746.205	746.205	21.692.561	13.186.723	34.879.284
Cemento	31.918.000	–	31.918.000	–	–	–	31.918.000	–	31.918.000
Siderúrgico	13.215.792	–	13.215.792	16.500.000	–	16.500.000	29.715.792	–	29.715.792
Minería	21.938.260	–	21.938.260	498.196	1.301.500	1.799.696	22.436.456	1.301.500	23.737.956
Agropecuario	14.633.808	4.086.412	18.720.220	496.130	3.316.357	3.812.487	15.129.938	7.402.769	22.532.707
Material eléctrico	16.263.223	2.700.552	18.963.775	–	2.296.856	2.296.856	16.263.223	4.997.408	21.260.631
Plásticos	16.167.585	1.690.406	17.857.991	403.329	–	403.329	16.570.914	1.690.406	18.261.320
Telecomunicaciones	12.384.704	4.562.190	16.946.894	–	–	–	12.384.704	4.562.190	16.946.894
Electrodomésticos	3.818.790	4.764.839	8.583.629	79.905	–	79.905	3.898.695	4.764.839	8.663.534
Material de transporte	2.533.000	2.284.088	4.817.088	–	3.339.500	3.339.500	2.533.000	5.623.588	8.156.588
Seguros	5.782.973	–	5.782.973	632.411	110.933	743.344	6.415.384	110.933	6.526.317
Textil	2.798.717	810.719	3.609.436	–	1.669.096	1.669.096	2.798.717	2.479.815	5.278.532
Papelería y librería	1.492.855	1.391.128	2.883.983	–	–	–	1.492.855	1.391.128	2.883.983
Editorial	1.208.732	1.135.398	2.344.130	–	10.000	10.000	1.208.732	1.145.398	2.354.130
Restaurantes y hoteles	1.935.610	–	1.935.610	–	–	–	1.935.610	–	1.935.610
Inversiones	–	200.000	200.000	307.059	–	307.059	307.059	200.000	507.059
Industria del cuero	436.954	–	436.954	–	–	–	436.954	–	436.954
Transporte	26.668	–	26.668	–	–	–	26.668	–	26.668
Total	2.423.761.394	430.226.155	2.853.987.549	41.120.986	50.242.407	91.363.393	2.464.882.380	480.468.562	2.945.350.942

A.C.: Aportes de capital. - C.C.: Capitalizaciones de créditos

Fuente: Ministerio de Economía

CUADRO N° 32

Inversiones extranjeras por país real de origen (en u$s) desde el 1°-3-77 al 31-12-83

País	Aprobadas A.C.	Aprobadas C.C.	Aprobadas Total	En trámite A.C.	En trámite C.C.	En trámite Total	Total A.C.	Total C.C.	Total
Estados Unidos	1.174.939.178	89.304.419	1.264.243.597	8.470.683	12.829.475	21.300.158	1.183.409.861	102.133.894	1.285.543.755
Italia	360.398.199	95.469.140	455.867.339	16.500.000	–	16.500.000	376.898.199	95.469.140	472.367.339
Francia	210.540.294	55.538.835	266.079.129	403.704	2.090.462	2.494.166	210.943.998	57.629.297	268.573.295
Rep. Fed. de Alemania	171.436.481	81.022.544	252.459.025	3.821.177	5.004.743	8.825.920	175.257.658	86.027.287	261.284.945
Holanda	124.727.658	1.313.889	126.041.547	24.488	440.017	464.505	124.752.146	1.753.906	126.506.052
Suiza	94.006.787	23.782.088	117.788.875	24.390	10.362.778	10.387.168	94.031.177	34.144.866	128.176.043
España	89.200.071	8.088.515	97.288.586	3.619.396	1.192.138	4.811.534	92.819.467	9.280.653	102.100.120
Canadá	17.293.500	38.720.934	56.014.434	–	–	–	17.293.500	38.720.934	56.014.434
Suecia	31.497.825	13.112.932	44.610.757	–	1.554.152	1.554.152	31.497.825	14.667.084	46.164.909
Japón	38.651.679	2.500.000	41.151.679	178.326	530.000	708.326	38.830.005	3.030.000	41.860.005
Panamá	18.831.994	3.950.000	22.781.994	6.995.000	7.070.167	14.065.167	25.826.994	11.020.167	36.847.161
Brasil	34.428.000	1.261.018	35.689.018	–	–	–	34.428.000	1.261.018	35.689.018
Reino Unido	11.919.667	6.925.998	18.845.665	593.537	2.727.748	3.321.285	12.513.204	9.653.746	22.166.950
Liberia	20.000.000	–	20.000.000	–	–	–	20.000.000	–	20.000.000
Liechtenstein	6.290.794	1.504.431	7.795.225	–	2.577.698	2.577.698	6.290.794	4.082.129	10.372.923
Uruguay	3.050.981	2.950.000	6.000.981	19.000	–	19.000	3.069.981	2.950.000	6.019.981
Nueva Zelandia	3.722.646	–	3.722.646	164.476	–	164.476	3.887.122	–	3.887.122
República de Irlanda	–	–	–	–	3.750.000	3.750.000	–	3.750.000	3.750.000
Bélgica	3.296.200	–	3.296.200	306.809	–	306.809	3.603.009	–	3.603.009
Hong Kong	3.064.924	220.000	3.284.924	–	–	–	3.064.924	220.000	3.284.924
Chile	364.000	2.014.839	2.378.839	–	–	–	364.000	2.014.839	2.378.839
Austria	208.321	1.943.815	2.152.136	–	112.344	112.344	208.321	2.056.159	2.264.480
Dinamarca	1.575.232	498.658	2.073.890	–	–	–	1.575.232	498.658	2.073.890
Luxemburgo	1.921.137	–	1.921.137	–	–	–	1.921.137	–	1.921.137
Venezuela	785.000	104.100	889.100	–	685	685	785.000	104.785	889.785
Finlandia	836.000	–	836.000	–	–	–	836.000	–	836.000
Perú	521.826	–	521.826	–	–	–	521.826	–	521.826
Guatemala	200.000	–	200.000	–	–	–	200.000	–	200.000
Sudáfrica	45.000	–	45.000	–	–	–	45.000	–	45.000
Arabia Saudita	8.000	–	8.000	–	–	–	8.000	–	8.000
Total	2.423.761.394	430.226.155	2.854.987.549	41.120.986	50.242.407	91.363.393	2.464.882.380	480.468.562	2.945.350.942

A.C.: Aportes de capital. - C.C.: Capitalizaciones de créditos

Fuente: Ministerio de Economía

CUADRO 33: Argentina: Rentabilidad de las inversiones directas norteamericanas
(en millones de dólares corrientes)

Año	Inversión acumulada a fin de cada año	Utilidades	Utilidades reinvertidas	Utilidades remitidas
1976	1.366	246	184	62
1977	1.490	257	90	167
1978	1.670	155	-51	206
1979	1.849	520	250	270
1980	2.540	696	470	226
1981	2.757	104	-236	340
1982	3.002	381	222	159
1983	3.054	314	129	185
TOTAL ACUMULADO:		2.673	1.058	1.615

FUENTE: Elaborado en base al Survey of Current Business (varios números).

CUADRO 34: Rentabilidad de la inversión en los mercados incipientes, 1976-83 (porcentajes)

Grupos	1976	1977	1978	1979	1980	1981	1982	1983A	Variación anual media 1976-83 A
Mercados incipientes									
Argentina	147.0	-43.6	79.9	233.6	-72.2	-54.5	66.2	124.5	18.7
Brasil	1.3	11.9	-6.0	-12.5	4.1	9.0	-19.9	97.4B	6.6B
Corea	72.4	114.2	23.7	-13.0	-26.5	40.2	7.9	7.4	21.5
Chile	103.4	146.3	56.3	131.6	92.7	-48.3	-52.1	-18.4	27.7
Hong Kong	40.0	-11.0	18.0	80.0	71.0	-16.0	-42.0	-8.6	9.2
India	34.1	13.7	51.2	21.1	42.3	23.8	-5.9	6.0	22.0
Jordania C	--	--	53.4	27.7	21.5	35.0	8.0	-7.0	19.9
México	19.1	22.3	127.8	96.3	17.7	-46.8D	-79.8D	170.2D	-0.6D
Singapur	14.0	6.0	52.0	-12.0	29.0	15.0	-1.0	29.2	15.0
Tailandia	0.4	187.7	43.2	-40.7	-12.9	-19.2	21.1	9.7	12.3
Zimbabwe	13.2	3.1	-6.9	178.7	30.4	-56.7	-32.4	-7.9	0.8
Países industriales									
Estados Unidos	23	-8	6	14	29	-4	21	20	13.5
Japón	25	15	52	-12	29	15	-1	23	16.8
Rentabilidad acumulada									
Indice mundial de Capital International E	114	116	136	152	192	184	205	250	12.1
Indice de mercados incipientes de la CFI F	134	196	304	514	645	593	412	617	25.5

NOTA: Las cifras de rentabilidad que aquí aparecen se han calculado de la siguiente manera. Supongamos que un inversionista de los Estados Unidos tiene $100 para invertir en un mercado incipiente. Luego de la conversión a la moneda nacional correspondiente, el importe se coloca en una cesta de acciones de gran movimiento. Puede que se paguen dividendos de la inversión durante el año y puede además que se obtengan ganancias de capital si el precio de mercado de las acciones sube. Estas dos fuentes de ingresos se convierten nuevamente a dólares de los Estados Unidos a tipos de cambio de fin de año para obtener una rentabilidad expresada en esta última moneda, rentabilidad que se expresa como un porcentaje de la inversión original de $100

A - Las cifras de rentabilidad correspondientes a 1983 son hasta fines de noviembre para Argentina y hasta fines de diciembre para Brasil, Hong Konk, India, Jordania, México, Singapur, Tailandia y Zimbabwe.

B - Basado en datos preliminares de 1983.

C - El mercado de valores de Jordania se habrió en Enero de 1978; por lo tanto, no se dispone de datos correspondientes a los años anteriores.

D - Basado en datos de Capital International correspondientes a 1981-83, incluidos los divendos netos.

E - Basado en datos de Capital International; 1° de enero de 1976 = 100.

F - Las cifras de rentabilidad en los mercados incipientes incluidas en este cuadro, salvo en los casos de Hong Kong y Singapur, se han calculado sobre una base ponderada respecto del merca-do (1980 para 1975-80; años individuales para 1981-83); 1° de enero de 1976 = 100.

FUENTE: van Agtmael, 1984; datos de los mercados incipientes: CFI; datos de los países industriales: Capital International.

FUENTE: "Informe sobre el desarrollo mundial 1985", Banco Mundial. Hemos transcripto el cuadro precedente con las aclaraciones brindadas por la fuente y que no requieren explicación. Sin embargo, en el caso del ejemplo, el inversionista norteamericano invierte efectivamente esos cien dólares que se mencionan. Cuando se ha explicado reiteradamente que las inversiones extranjeras han gozado de toda una suerte de privilegios especiales que potenciaban el verdadero valor de la inversión. De todos modos, la Argentina en el período 76-83 resulta uno de los mejores y más rentables de los denominados mercados incipientes, superado solamente por China, India, Corea y Jordania.

CUADRO 35: Argentina, Inversión directa acumulada de Estados Unidos por sectores de actividad 1976/1983.
(en millones de dólares corrientes).

	1976	1977	1978	1979	1980	1981	1982	1983
Minería	53	55	54	48	n/d	69	71	72
Petróleo	174	223	265	305	401	490	645	808
Industria Manufacturera								
.Alimenticia	49	51	64	80	168	264	279	288
.Prod. químicos	207	220	243	299	416	360	371	332
.Prod. metálicos Prim.	72	67	73	64	72	67	77	79
.Maquinaria	143	153	172	205	204	271	274	229
.Equipo transporte	221	228	242	289	409	308	380	381
.Otros	206	203	205	247	315	316	348	342
Total Ind. Manufacturera	898	921	1000	1183	1584	1570	1729	1654
Comercio	104	132	157	136	216	202	167	128
Finanzas-Bancos	72	86	108	113	145	304	300	298
Otros	65	73	86	64	n/d	107	90	97
TOTAL	**1366**	**1490**	**1670**	**1849**	**2540**	**2757**	**3002**	**3054**

(n/d: no disponible)

FUENTE: Elaborado en base al Survey of Current Busines, varios años

CUADRO 36: Datos comparativos

	Años 1965–1973	1973–1983
Tasa media de inflación (porcentajes)	24,1	167,8
Producto Bruto Interno (tasas de crecimiento anual, porcentajes)	4,3	0,4
Producto Bruto Interno Industria (porcentajes anuales)	5,1	−0,7
Manufacturas (porcentajes anuales)	4,6	−1,8
Inversión Bruta Interna (porcentaje anual)	6,7	−2,0
Producto Bruto Interno (millones de dólares corrientes)	**1965**	**1983**
Argentina	14.430	71.550
Brasil	19.260	306.060
México	20.160	163.510

CUADRO 37: Censo Económico Nacional 1985.
(Resultados provisionales)

Rubro	Total país	Capital Federal	Partidos Gran. Bs.As	Córdoba	Santa Fé
Industrias manufactureras					
1974					
Establecimientos	129.678	23.822	31.275	13.818	15.463
Personal ocupado	1.555.538	344.925	524.982	123.760	148.278
1985					
Establecimientos	111.767	16.099	28.615	10.967	13.667
Personal ocupado	1.359.489	228.854	424.109	100.182	136.483
Comercio y servicios					
1974					
Establecimientos	696.868	113.284	139.507	66.708	73.736
Personal ocupado	1.844.293	499.442	283.627	166.201	183.558
1985					
Establecimientos	787.279	111.029	158.107	78.979	84.914
Personal ocupado	2.322.431	663.838	377.473	201.613	220.392
Variaciones (%)					
Industrias manufactureras					
Establecimientos	-13.9	-32.4	- 8.5	-20.6	-11.6
Personal ocupado	-12.6	-33.7	-19.2	-19.0	- 7.9
Comercio y servicios					
Establecimientos	13.0	- 2.0	13.3	18.4	15.2
Personal ocupado	25.9	33.2	33.1	21.3	20.1

CUADRO 38: Principales proyectos industriales aprobados 1974/198[illegible]
Proyectos que ocupan a más de 300 personas y/o requieren una inversión mayor de 20 millones de dólares

Nombre de la empresa	Actividad Económica	Inversión aprobada (miles de U$S)	Personal a ocupar
Api Antártida Pesquera	Pesca	34.075	332
Alimentaria San Luis	Galletitas	51.292	818
Sasetru	Galletitas	17.178	1.468
Olimax	Aceite de soja	28.560	120
Glucovil	Glucosa	33.188	96
Sovil	Chocolates	20.175	228
Cía.Gral.Fabril Financiera	Tejeduría	31.208	369
Tejidos Argentina Noreste	Tejeduría	50.015	410
Tejidos Argentinos	Tejeduría	52.099	226
N.Rostas	Confecciones	16.598	371
Confecciones San Luis	Confecciones	3.859	359
Indumentaria Argentina	Confecciones	6.179	375
Mercedes Confecciones	Confecciones	3.618	720
Compler	Cueros	2.252	417
Calzar S.A.	Calzados	27.596	599
Maderas Aglomer. Misiones	Aglomerados	53.663	310
A.M.Garraximo-Safume S.A.	Terciados	104.844	347
Aglomerados Salta S.A.	Aglomerados	39.327	322
Papel del Tucumán	Papel	165.063	388
Alto Paraná	Papel	296.462	440
Celulosa Argentina	Papel	525.794	430
Induclor	Cloro, sodio	150.914	318
Inpagro S.A.I.C.	Urea, amoniaco	491.056	424
Petroquímica Río Tercero	Tolueno	81.060	214
Monómeros Vinílicos	Cloruro de vinilo	90.561	156
Petroquímica Bahía Blanca	Etileno	44.561	[illegible]
Resinfer	Metanol	82.943	51
Petrosur	Agua oxigenada, amoniaco	23.056	4
Petroquímica Cuyo	Polipropileno	68.939	144
Petropol	Polietileno alta densidad	61.670	184
Polisur	Polietileno baja densidad	114.725	124
Indupa	Policloruro	105.343	184
Electroclor	Resinas de policloruro	57.826	165
Vialorenz	Cosméticos	29.550	337
Revestimientos Neuquén	Cerámicos	35.170	200
Cerámicas Zanón	Cerámicos	38.306	171
Lumbreras S.A.	Cemento	92.330	169
Loma Negra	Cemento	25.622	160
Cementos NOA	Cemento	89.000	251
Corporación Cementera	Cemento	115.717	260
Petroq. Comodoro Rivadavia	Cemento	111.170	227
J.Minetti	Cemento	130.660	240
Cementera Santa Cruz	Cemento	276.303	290
Cementera San Juan	Cemento	61.300	328
Acindar	Palanquilla	251.000	1.200
Acindar	Laminados aceros	40.444	39
Sidersur	Hierro esponja-palanquilla	142.587	205
Talleres Metalurgic.Barari	Estructuras metálicas	26.842	210
Mar-Hel	Fundición	1.526	500
Aceros Cartellone	Aceros al carbón	17.778	393
Total 50 proyectos		4.487.488	16.429
Porcentaje del total de proyectos aprobados (en %)		73.5	33.8

FUENTE: Kosacoff Bernardo: "El proceso de industrialización en la Argentina en el período 1976/83" CEPAL, Buenos Aires, julio 1984, mimeo.

INDICE